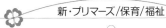

新・プリマーズ/保育/福祉

New
Primers of
Early Childhood
Care & Education
Social Welfare

社会福祉

［第6版］

石田慎二／山縣文治 編著

ミネルヴァ書房

は じ め に

　あなたは，社会福祉という言葉を聞いて，まず最初に何を思い浮かべますか。高齢者や障害者など，福祉サービスを受ける人を思い浮かべる人もいるでしょう。介護福祉士や保育士など，福祉の仕事をする人や，その人たちがもつ資格を思い浮かべる人もいるかもしれません。ソーシャルワーク，ケアマネジメントなど，援助技術や方法，社会福祉施設やホームヘルプなどの具体的なサービス，愛，平和，正義などの理念がまず浮かんだ人もいるでしょうか。社会福祉の勉強では，このようなことの一つひとつを全体として理解します。

　かつては，社会福祉といえば，生活上の問題を抱えた特定の人たちに対して，「サービスを提供してあげる」というイメージが強かったのですが，今ではすべての人を対象とするという考え方に転換しています。たとえば，いくらお金があっても，介護問題は発生します。乳幼児や要介護者のいる家庭の人が就労しようとすると，保育や介護サービスが必要となります。このように，社会福祉は，誰にでも関係のあることなのです。

　今，日本では，子どもが減り続ける一方で，高齢者は増え続けており，長期的には，このような少子高齢化の進行により崩れた人口構造のバランスを改善すること，その際に社会福祉がどのように貢献するかが大きな課題となります。社会福祉は，一人ひとりの生活を豊かにするためにあるだけでなく，社会全体のあり方にも影響を与える重要な仕組みなのです。広い視野をもって社会福祉の勉強をしていきましょう。

2024年1月

編著者

目　　次

第 1 章

社会福祉の考え方

. . . .

ポイント

1 社会福祉の必要性
2 社会福祉の4つの構成要素
3 社会福祉の援助を行う際の理念や倫理

① 社会福祉とは何か

1 | なぜ社会福祉が必要なのか

　生活をする上で私たちはさまざまな困難に出会います。その困難が社会的な理由で起こっている時, 解決は個人や家族の努力にのみ求められるのではなく, 社会の仕組みとして求められることになります。

　たとえば, 今日の社会は, 多くの女性に働くことを求めます。また, 女性自身も一人の人間として働くことを希望する場合が多くなっています。この女性に就学前の子どもがいるとしましょう。そうすると保育所という福祉制度が必要になることがわかると思います。

　高齢者の介護もそうです。自ら希望して要介護状態になる人はまずいないと考えてよいでしょう。医療の進歩や健康管理意識の高揚などによって長生きできるようになった結果, その人が要介護状態になる可能性も高まったという部分が大きいと思います。一方, 従来, 介護責任を負っていた家族は小規模化しています。配偶者が高齢化している場合が多いでしょうし, 介護を担っている女性が働いている可能性も高くなっています。このような状況で, 家族が介護すべきである, 女性は介護のために仕事を辞めるべきである, などと考える社

会は，人間を大切にしている社会といえるでしょうか。

　貧困はどうでしょう。貧困の原因は多様ですが，個人の努力不足に多くの原因を求めてよいのでしょうか。経済状況の変化の中での失業，働いても生活を維持するのが困難な労働形態，派遣労働の推進施策による正規労働者の減少，これらの結果としての貧困は，個人の責任以上に，社会の仕組みの問題ということができそうです。このように，社会福祉は現代社会においては必要不可欠な社会制度となっているのです。

　このような制度的な視点だけでなく，複雑多様化した社会制度とそれぞれの人を結びつけ，生活上の困難をよりよく解決するという援助の視点からも，社会福祉の必要性を考えることができます。これに対応する社会福祉の方法を，一般にソーシャルワークといいます。すなわち，自分自身の問題がうまく整理できない，自分自身が制度の対象になっているかどうかわからない，どのような制度があるのかわからない，制度の利用の仕方がわからない，どのような組み合わせをすれば自分の問題が解決できるかわからない，といった状況に，専門的視点からかかわるということです。

2 ｜ 社会福祉が目指す社会像

　社会福祉が目指す社会は，一言でいえば「一人ひとりが人間として大切にされる社会」ということができます。ではこのような社会は，どのようにすれば実現するのでしょうか，あるいは，そのためには，どのような基本的考え方・理念が必要なのでしょうか。ここでは３つのことを考えてみたいと思います。

　第1は，人権を尊重するということです。人権には，受動的側面と能動的側面があるといわれています。国際人権規約では，前者を，社会的・経済的・文化的権利と呼んでいます。一般には社会権といわれ，生存権を基本に，生活が保障される権利，教育や医療を受ける権利，仕事をする権利，などが含まれます。後者は，市民的・政治的権利と呼ばれます。自由権ともいわれ，考え方や宗教の自由，意見を言う機会や，仲間で自由に集まることが保障されていることなどが含まれます。すなわち，さまざまな社会福祉の制度を利用することは

写真1-1　子育てサロンの様子

人としての権利であり，利用の決断，利用中などのサービス利用のプロセスにおいて，一人ひとりの意見が尊重されることが重要であるということです。

　第2は，一人ひとりが社会の中の対等な一員として尊重されているということです。ノーマライゼーションという考え方があります。これは，障害，高齢，外国籍，ひとり親，性別，などが，生活の困難の原因にならないような社会を実現することを意味しています。最近では，ソーシャル・インクルージョン（社会的包摂）という言葉が使われることもあります。これは，何らかの理由で，個人，地域，あるいは特定の思想や信条をもった集団が，社会の対等な一員とみられていない社会（ソーシャル・エクスクルージョン：社会的排除）を解消していくための理念です。

　第3は，住民主体の社会であるということです。これは，人権のうちの自由権とも関連するものです。住民主体の社会においては，社会と住民とのかかわりが重要です。そのためには，社会の側にも，住民の側にも，参加・参画をしていく姿勢が求められます。

3 ｜ 社会福祉の専門性

　専門性とは，学問体系，援助体系，職業，法制度や社会制度などにおいて，

他と異なる固有の特徴があるということを意味しています。専門性の確立のためには，学問としての科学性が求められることになりますが，制度や法律などによって，社会的に承認されることも重要です。

　今日の社会福祉の状況をみると，制度的には，法律や国あるいは地方自治体の管轄部局によって，ある程度固有の位置づけが得られています。社会福祉法では，社会福祉に関連する用語として，社会福祉を目的とする事業（第1条），社会福祉事業（第2条），社会福祉に関する活動（第4条）などを細かく規定しています。これと並行して，社会福祉六法をはじめとする社会福祉にかかわる各種法律や通知によって，細かな制度が規定されています。

　職業上の専門性も，資格制度によって専門的業務や資格要件・任用要件などが定められています。たとえば，社会福祉の専門職には，国家資格である社会福祉士，精神保健福祉士，介護福祉士，保育士など，また任用資格である社会福祉主事，児童指導員，生活相談員，支援相談員など，このほか研修や固有の試験制度をもつものとして，訪問介護員（ホームヘルパー）や介護支援専門員（ケアマネジャー）などがあります。

　学問や援助技術としての専門性については，法律などで規定されるものではないため，一般にはなかなかわかりづらい部分があります。社会福祉とは何かということについては，統一した見解はありませんが，比較的よく参考にされる考え方として岡村重夫の提唱した社会福祉論があります[1]。

　岡村重夫の考え方を大まかに説明しますと，①人間は社会生活を営む存在であること，②社会生活は人間のもつニーズとそれに対応する社会制度との間に関係（社会関係）を取り結ぶことによって成立していること，③社会関係は，社会制度が個人に課す要件（客体的側面）と，その要件を充足しようとする個人の側の要件（主体的側面）によって成り立っていること，④個人の生活問題は，さまざまな理由により社会関係を取り結ぶことができないことから生ずること，⑤社会福祉は社会関係の主体的側面にたって，社会関係が取り結べない

▶1　岡村重夫『社会福祉原論』全国社会福祉協議会，1983年。

4

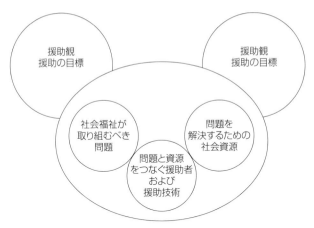

図 1 - 1　社会福祉の基本的枠組み

出所：筆者作成。

要因を除去したり緩和したりするものであること，ということになります。岡村重夫の考え方の特徴（専門性あるいは固有性）は，この社会関係の主体的側面に立った援助，あるいはそのような人間観という点にあります。

② 　社会福祉の構造

　社会福祉研究や実践にはさまざまな立場が存在しますが，このような考え方に共通する社会福祉の構成要素は，社会福祉が対象とする問題，問題を解決するための資源や制度，問題と資源をより有効に結びつけるための援助者や援助技術，さらにこれら全体の基礎にある援助観や人間観の，大きく 4 点です。これらの関係を図示すると，図 1 - 1 のようになります。

1 ｜ 社会福祉が対象とする問題

　現代の社会福祉には，大きく 4 つの問題把握の方法があります。

　第 1 は，社会現象に対する一般社会の判断で福祉問題を想定する場合です。何を福祉問題とするかについての科学的基準はなく，市民の相当数が問題だと

5

認識すればそれを福祉問題と考えるといった程度で，マスコミ的な基準ともいえます。福祉問題は，専門家以外でも，誰もが語ることができるように思われることがありますが，それは福祉問題の性格にこのような一面があるからです。

　第2は，資本主義経済体制の特徴である貧困の再生産過程に着目し，それを予防したり，問題が生じたあとに保護的な対応を行うものとして，福祉問題あるいは社会福祉をとらえる考え方です。社会福祉をその内実から規定するのではなく，常に一般社会政策との関係で説明するところに特徴があり，一般社会政策が対応できない労働者の生活問題などに対して，補充的あるいは代替的に社会福祉が対応すると考えるものです。

　第3は，社会経済体制とは無関係に，人間が社会生活をする上で必然的に生じるものとして福祉問題を把握する考え方です。先に示した岡村重夫の考え方は，このような立場に立つものです。

　第4は，法律や社会制度によって外的に決めていくというものです。現代の福祉問題のとらえ方は，実質的にはこのような考え方に立っているものが多いと考えられます。たとえば，国が基準を示すことによって対象が決定する生活保護制度，介護保険制度，保育制度などは，代表的な例といえるでしょう。

2│問題を解決するための資源や制度

　福祉問題を設定するということは，その解決あるいは緩和を試みることを意味しています。そのためには，問題に対応する資源や制度が必要になります。

　問題を解決するための資源や制度は，基本的には，社会福祉六法と呼ばれる，生活保護法，身体障害者福祉法，児童福祉法，知的障害者福祉法，老人福祉法，母子及び父子並びに寡婦福祉法を中心に，高齢者の医療の確保に関する法律（高齢者医療確保法），介護保険法，障害者の日常生活及び社会生活を総合的に支援するための法律（障害者総合支援法），精神保健及び精神障害者福祉に関する法律（精神保健福祉法），売春防止法，児童手当法，児童扶養手当法，特別児童扶養手当等の支給に関する法律，児童虐待の防止等に関する法律（児童虐待防止法），母子保健法など，さまざまな法律により規定されています。また，

　近年では，法律に基づかない住民の主体的なサービスも多く出現しており，それを特定非営利活動促進法（NPO法）により支援するなど，援助資源の多様化を図る試みも行われています。

　援助資源は，その特性により，いくつかの分類方法があります。たとえば，住民がサービスをどこで受けるのかという軸で分類すると，居宅サービス（ホームヘルプなど），通所サービス（保育所，認定こども園，デイサービスセンターなど），入所施設サービス（老人ホーム，児童養護施設など）という分類が可能です。また，サービス形態に着目すれば，現金給付（生活保護，各種手当など），現物給付（日常生活用具や介護機器貸付・給付など），役務サービス（ホームヘルプ，相談など），供給主体に着目すれば，公営サービス，社会福祉法人などの民間福祉事業サービス，福祉産業などの営利サービス，相互扶助組織などによる住民参加型サービス，という分け方もできます。

3 ｜ 問題と資源をより有効に結びつけるための援助者や援助技術

　福祉問題が明らかになり，それを解決するための援助資源が準備されると，それで住民は問題解決を図ることができるかというと，なかなかそうはなりません。そこには，両者の関係を取り結び，円滑かつ効果的に問題解決を図る仕組みが必要です。これが，援助技術であり，またそれを担うのが援助者です。狭義には，これをソーシャルワークやソーシャルワーカーといいます。

　ソーシャルワークは，日本語では相談援助（社会福祉援助技術）といいます。従来は，社会福祉援助技術を，直接援助技術と間接援助技術に分けるという考え方がありました。さらに，直接援助技術は，個別援助技術（ソーシャル・ケースワーク）と集団援助技術（ソーシャル・グループワーク）に，間接援助技術は，地域援助技術（コミュニティワークまたはコミュニティ・オーガニゼーション），社会福祉調査法（ソーシャルワーク・リサーチまたはソーシャルウェルフェア・リサーチ），社会活動法（ソーシャルアクション），社会福祉計画法（ソーシャルプランニング）などに分かれていました。このような分類法は，現在でも用いられることはありますが，相談援助あるいはソーシャルワークとして説明

することが多くなっています。ただし，その際も実際の援助においては，援助目的に合わせて多様な技法について理解しておく必要があります。

　また，最近では，社会福祉に固有の援助技術であるかどうかは別にして，ケアマネジメント（ケースマネジメント）という技術も普及しつつあります。これは，介護保険制度の導入において，介護支援専門員（ケアマネジャー）が用いる技術として位置づけられていますが，障害者福祉や子どもへの虐待に関するケースなどでも用いられることがあります。

　利用者の日常生活を直接支援する仕事は，ケアワークと呼ばれることがあります。子どもに対するケアワークは保育，高齢者や障害者に対するケアワークは介護ということになります。入所施設等では，ソーシャルワークとケアワークが一人の職員によって一体的に行われることもあります。このような場合，レジデンシャルワーク（施設活動）と呼ばれることもあります。

　それでは，なぜこのような仕組みが必要なのでしょうか。まず第1に，福祉問題を抱えた人の中には，それを問題と認識していない人がいます。たとえば，子どもを虐待する親の中には，それを「しつけ」であるととらえたり，それを口実にしたりする人がいます。そのような人に対しては，問題を解決したいという動機づけを与えなければなりません。問題であるという認識がなければ，それを解決しようという気にはなりません。

　第2には，問題だと考えても，それを我慢したり，知られたくないと考える人がいます。たとえば，社会福祉サービスを利用することが恥ずかしいとか，面倒くさいと考える人です。このような人には，社会福祉サービスを受けることの意味を理解してもらい，世間体のようなものを取り払う作業が必要です。

　第3には，福祉サービスを利用しようと決断しても，どのようなサービスがあるのか，あるいは自分にはどれが最もふさわしいのかがわからない人がいます。問題の背景が複雑化し，またそれへの援助資源も多様化する中で，多くの住民はこのような状況に陥ります。このような状況に対しては，情報提供や相談，あるいは協働での意思決定のような仕組みが必要となります。

　第4には，新たな福祉問題の出現や量的変化などで，問題解決に必要な援助

資源がない，あるいは不足するなどの場合があります。このような状況に対しては，新たな資源の開発や資源の拡充などの開発的作業やソーシャルアクションが必要となります。

4 │ 全体の基礎にある援助観や人間観

　社会福祉政策の援助観の基本は，日本国憲法の規定する，第11条：基本的人権の保障，第13条：生命，自由及び幸福追求権，第25条：健康で文化的な最低限度の生活を営む権利などに見ることができます。より具体的には，国際人権規約の社会権規約（経済的，社会的及び文化的権利に関する国際規約），および自由権規約（市民的及び政治的権利に関する国際規約）に示される人権の実現ということもできます。

　制度政策論的な社会福祉論においては，国民としての最低生活の構造等を明らかにし，それをもとに人間の望ましい生活像が規定され，これを外的基準とするような援助観が採用されることが多いようです。ナショナルミニマムという考え方は，その代表的な例です。

　一方，これを生活者の主体的生活の方からとらえ直すというのが方法機能論の特徴です。すなわち，外的基準により政策的に望ましい生活者像を規定するのではなく，社会関係の不調を，生活の社会性，全体性，主体性，現実性という観点（この４つの生活の側面を強調した人間像を，福祉的人間像と呼ぶことがある）から調整しようとするものです。

３ 社会福祉における価値と倫理

1 │ 社会福祉における価値と理念

　価値とは，哲学用語で，個人・社会を通じて常に承認されるべき絶対性をもった本質的性質や特性のことをいいます。社会福祉の価値とは，社会福祉の実践や援助過程において，常に承認されるべき人間存在の意味，あるいは問題把

握や政策の背後にある人間観ということができます。結局のところ，人間らしさとは何かということであり，現代社会では，社会福祉の求める価値とは，広義には，国際人権規約でいうところの，経済的・社会的・文化的権利および市民的・政治的権利の総体ということができます。

　社会福祉の援助理念とは，このような社会福祉の価値を実現することにあります。したがって，社会福祉の援助の質を向上させるためには，価値を実現するためのニーズのとらえ方，制度政策における目標設定，制度政策を含む社会福祉実践のメニュー，援助者としての態度，などが重要となります。

　社会福祉の援助においては，①すべての人間の存在価値を認め，社会的存在として位置づけること，②一人ひとりを固有の人格と意思をもった存在として認め，本人の主体性の尊重と最大限の自己決定を保障すること，③人と環境との相互作用に着目し，相互の変革を通じて，本人の不利益の改善を支援すること，などを共通の援助理念として示すことができます。

2 │ 社会福祉の援助者が直面する葛藤

　社会福祉は社会的に必要な制度であり，生活に関連する制度ですから，看護師，医師，教師，弁護士など他の専門職と一緒に行動する必要もあります。そうすると，専門職間で異なる援助が行われることもあり，相互に混乱することもあります。社会福祉の援助を進めていく過程では，このようなさまざまな困難や葛藤に直面することになります。ここでは，それを 5 つの点に絞って考えてみます。

　第 1 は，一般社会の価値観との間での葛藤です。一般社会の価値観とは，一般社会が社会福祉やその援助対象をどのように見ているのかということです。先入観や偏見などに基づく価値観もここには含まれますし，援助者自身の態度や思考の中にもこれは大きく影響しています。さらに，社会福祉実践においては，援助者は，専門職としての価値観と一般社会の価値観との間で葛藤するだけでなく，自らが形成してきた価値観の歪みへの気づきとその克服に直面しなければなりません。

　第2は，制度政策のもつ価値観との葛藤です。制度政策は一定の価値観をもとに形成されます。制度がどのような生活を保障しようとしているのか，逆に，どのような領域までを家族や個人の努力に帰すると考えているのかによって，制度政策の内容は異なってきます。また，そのことと，ソーシャルワーカー個人の価値観は必ずしも一致しているとは限りません。

　第3は，関連領域の価値観との葛藤です。高齢者福祉や障害者福祉を中心に，保健・福祉・医療の連携が図られています。それぞれが専門領域をもち，その分野なりの価値観や人間観を形成しています。生活者視点の援助を考える場合，このような関連分野の価値観との調整が必要となります。

　第4は，利用者の価値観とソーシャルワーカーの価値観との間での葛藤です。社会福祉の援助では，利用者の主体性や価値観を尊重することが常に念頭に置かれますが，それが，ソーシャルワーカーのもつ人間像と大きく異なる場合，大きなストレスとなります。

　第5は，専門職としての自分と，一人の人間としての自分の間での葛藤，すなわち自分自身の中での2つの立場をめぐる葛藤です。ソーシャルワーカーも一人の人間ですから，時には，専門職としての価値や倫理との間で葛藤を起こすこともあります。これは，仕事を遂行していく上で，常に気にかけておく必要のある問題です。

3 ｜ 社会福祉の援助者が守るべき倫理

　社会福祉実践は，医師や弁護士，教師などと同様，住民の生活の内部にまで入り込んでそれに影響を与えることのある専門的実践であり，専門職としての倫理が求められます。このような倫理を体系化したものを倫理綱領といいます。倫理綱領は，日本社会福祉士会，日本ソーシャルワーカー協会，日本介護福祉士会，全国保育士会など専門職団体の多くが明文化しています。多くの倫理綱領には，秘密保持，信用失墜行為の禁止，専門職としての資質の向上，などの項目が示されています。

　代表的な倫理綱領として，日本ソーシャルワーカー連盟（日本社会福祉士会，

表1-1　日本ソーシャルワーカー連盟の倫理綱領の概要

原理
　　人間の尊厳　　人権　　社会正義　　集団的責任　　多様性の尊重　　全人的存在

倫理基準
　Ⅰ．クライエントに対する倫理責任
　　クライエントとの関係　　クライエントの利益の最優先　　受容　　説明責任
　　クライエントの自己決定の尊重　　参加の促進　　クライエントの意思決定への対応
　　プライバシーの尊重と秘密の保持　　記録の開示　　差別や虐待の禁止　　権利擁護
　　情報処理技術の適切な使用
　Ⅱ．組織・職場に対する倫理責任
　　最良の実践を行う責務　　同僚などへの敬意　　倫理綱領の理解の促進
　　倫理的実践の推進　　組織内アドボカシーの促進　　組織改革
　Ⅲ．社会に対する倫理責任
　　ソーシャル・インクルージョン　　社会への働きかけ　　グローバル社会への働きかけ
　Ⅳ．専門職としての倫理責任
　　専門性の向上　　専門職の啓発　　信用失墜行為の禁止　　社会的信用の保持
　　専門職の擁護　　教育・訓練・管理における責務　　調査・研究　　自己管理

日本ソーシャルワーカー協会，日本医療ソーシャルワーカー協会，日本精神保健福祉士協会）が共通に定めている倫理綱領の概要（表1-1），および全国保育士会の定める全国保育士倫理綱領の全文（表1-2）を紹介しておきます。

　本章のまとめ

　社会福祉は，一人ひとりの日常生活を支えるサービスです。サービスの種類や内容を知ることも大切ですが，人が人に働きかける援助専門職であることを踏まえ，援助観や倫理意識などを身に付けることも重要です。

表1-2　全国保育士会倫理綱領

　すべての子どもは，豊かな愛情のなかで心身ともに健やかに育てられ，自ら伸びていく無限の可能性を持っています。

　私たちは，子どもが現在（いま）を幸せに生活し，未来（あす）を生きる力を育てる保育の仕事に誇りと責任をもって，自らの人間性と専門性の向上に努め，一人ひとりの子どもを心から尊重し，次のことを行います。

　私たちは，子どもの育ちを支えます。

　私たちは，保護者の子育てを支えます。

　私たちは，子どもと子育てにやさしい社会をつくります。

（子どもの最善の利益の尊重）

　私たちは，一人ひとりの子どもの最善の利益を第一に考え，保育を通してその福祉を積極的に増進するよう努めます。

（子どもの発達保障）

　私たちは，養護と教育が一体となった保育を通して，一人ひとりの子どもが心身ともに健康，安全で情緒の安定した生活ができる環境を用意し，生きる喜びと力を育むことを基本として，その健やかな育ちを支えます。

（保護者との協力）

　私たちは，子どもと保護者のおかれた状況や意向を受けとめ，保護者とより良い協力関係を築きながら，子どもの育ちや子育てを支えます。

（プライバシーの保護）

　私たちは，一人ひとりのプライバシーを保護するため，保育を通して知り得た個人の情報や秘密を守ります。

（チームワークと自己評価）

　私たちは，職場におけるチームワークや，関係する他の専門機関との連携を大切にします。

　また，自らの行う保育について，常に子どもの視点に立って自己評価を行い，保育の質の向上を図ります。

（利用者の代弁）

　私たちは，日々の保育や子育て支援の活動を通して子どものニーズを受けとめ，子どもの立場に立ってそれを代弁します。

　また，子育てをしているすべての保護者のニーズを受けとめ，それを代弁していくことも重要な役割と考え，行動します。

（地域の子育て支援）

　私たちは，地域の人々や関係機関とともに子育てを支援し，そのネットワークにより，地域で子どもを育てる環境づくりに努めます。

（専門職としての責務）

　私たちは，研修や自己研鑽を通して，常に自らの人間性と専門性の向上に努め，専門職としての責務を果たします。

社会福祉法人　全国社会福祉協議会
全国保育協議会
全国保育士会

第2章

社会福祉を取り巻く環境

• • •

ポイント

1 少子高齢社会の現状とそこから生じる問題
2 現代家族の動向
3 現代の貧困問題

① 少子高齢社会の現状

1 │ 少子化はどれくらい進行しているのか

　図2-1は，出生数と合計特殊出生率[1]の年次推移を示しています。出生数は，第1次ベビーブーム期[2]には約270万人，第2次ベビーブーム期には約209万人でした。しかし，第2次ベビーブーム期以降は多少の増減はあるものの全体としては減少傾向が続き，2022年には約77万人となっています。

　合計特殊出生率は，第1次ベビーブーム期には4.3を超えていましたが，その後急速に低下し，第2次ベビーブーム期には2.1台で推移していました。しかし，1975年に2.0を下回ってからは低下傾向が続き，1989年には戦後最低であった丙午の年[3]（1966年）の1.58を下回る1.57となり，「1.57ショック」として少子化が社会的に注目されるようになりました。その後も合計特殊出生率は

▷ 1　一人の女性が一生の間に平均して生む子どもの数のこと。
▷ 2　1947～1949年の出生数が一時的に急増した時期のこと。この時期に生まれた世代を「団塊の世代」という。なお，1971～1974年の期間を「第2次ベビーブーム期」という。
▷ 3　60年に1回まわってくる干支（えと）の一つ。この年に生まれてくる女の子は災いをもたらすという迷信があり，この年に子どもを生むことを避けた夫婦が多かったため出生数が大幅に減少したと考えられている。

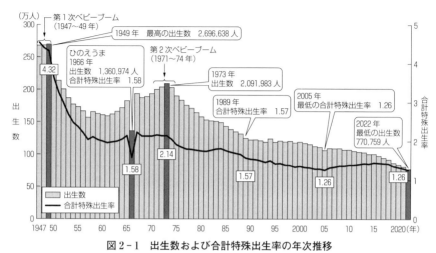

図2-1　出生数および合計特殊出生率の年次推移

注：1947〜1972年は沖縄県を含まない。
資料：厚生労働省「人口動態統計」より。
出所：内閣府（編）『少子化社会対策白書 令和4年版』日経印刷，2022年，p.5.を一部改変。

人口置換水準[4]を大きく下回る状況が続き，2022年には1.26となっています。日本の合計特殊出生率は諸外国と比較しても低い水準となっています（図2-2）。

　年少人口（0〜14歳）も年々減少しており，2022年の総人口に占める年少人口の割合は11.6%となっています。

2 | 高齢化はどれくらい進行しているのか

　日本は世界有数の長寿国の一つです。日本の平均寿命は上昇傾向にあり，2022年の男性の平均寿命は81.05歳，女性の平均寿命は87.09歳となっています。表2-1には，平均寿命の国際比較を示しましたが，日本の平均寿命は諸外国と比較しても高い水準で，多少低下した年はありますが，長期的に見ると今も上昇傾向にあります。

　老年人口（65歳以上）は年々増加しており，2022年の総人口に占める老年人口の割合は29.0%となっています。1997年には，老年人口が年少人口を上回り，

▶4　人口が維持されるために必要な合計特殊出生率の水準。標準的な水準は2.1。

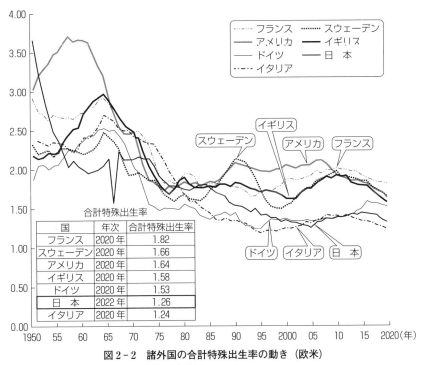

図 2 - 2　諸外国の合計特殊出生率の動き（欧米）

注：2020年のフランス，アメリカの数値は暫定値となっている。

資料：諸外国の数値は1959年まで United Nations "Demographic Yearbook" 等，1960〜2018年は OECD Family Database，2019年は各国統計，日本の数値は厚生労働省「人口動態統計」を基に作成。

出所：内閣府（編）『少子化社会対策白書 令和 4 年版』日経印刷，2022年，p. 6.，厚生労働省「令和 4 年簡易生命表の概況」2023年を基に一部改変。

その差は広がり続けています。

3 │ 少子化・高齢化は今後どのように進行していくと予測されているのか

　少子化傾向が続くと，人口が減少していくことになります。日本の人口は21世紀半ばには 1 億人を下回ると予測されています（表 2 - 2）。

　総人口に占める年少人口の割合は，2022年の11.6％から低下し続けて，2050年には9.9％，2070年には9.2％になると予測されています。

　一方，総人口に占める老年人口の割合は2022年の29.0％から上昇し続けて，2050年には37.1％，2070年には38.7％になると予測されています。

表 2-1　平均寿命の国際比較

(単位：年)

	男	女	作成期間
日　　　　本	81.05	87.09	2022
アイスランド	80.9	83.8	2022
スウェーデン	81.34	84.73	2022
ス　イ　ス	81.6	85.4	2022
イ ギ リ ス	79.04	82.86	2018-2020
フ ラ ン ス	79.35	85.23	2022
ド　イ　ツ	78.54	83.38	2019-2021
ア メ リ カ	73.5	79.3	2021

資料：当該政府からの資料によるものである。
出所：厚生労働省「令和4年簡易生命表の概況」2023年，p.4.
より筆者作成。

表 2-2　将来推計人口

2020〜2070年

年　　次	人　口（1,000人）				割　合（%）			従属人口指数(%)		
	総　数	0〜 14歳	15〜 64歳	65歳 以上	0〜 14歳	15〜 64歳	65歳 以上	総数	0〜 14歳	65歳 以上
令和4 (2022)	124,978	14.515	74,196	36,266	11.6	59.4	29.0	68.4	19.6	48.9
12 (2030)	120,116	12,397	70,757	36,962	10.3	58.9	30.8	69.8	17.5	52.2
22 (2040)	112,837	11,419	62,133	39,285	10.1	55.1	34.8	81.6	18.4	63.2
32 (2050)	104,686	10,406	55,402	38,878	9.9	52.9	37.1	89.0	18.8	70.2
42 (2060)	96,148	8,930	50,781	36,437	9.3	52.8	37.9	89.3	17.6	71.8
52 (2070)	86,996	7,975	45,350	33,671	9.2	52.1	38.7	91.8	17.6	74.2

出所：国立社会保障・人口問題研究所「日本の将来推計人口（令和5年推計）結果の概要」p.19.より筆者
作成。

4 │ 少子高齢社会はどのような影響をもたらすのか

　少子化の進行による人口の減少は，労働力の減少をもたらします。それによ
って，経済へマイナスの影響が出ることが心配されています。また，少子化と
ともに高齢化が進行することによって，年金や医療などの社会保障制度を維持
できるのかといったことが心配されています。

　少子化の進行により子ども同士がふれあう機会が減少して，子どもの健やか
な成長へ影響を及ぼすのではないかといったことも心配されています。さらに，

地域の子どもの数が少なくなる一方で，高齢者の数が増えることによって，とくに過疎地では地域の存続にかかわる問題が生じる可能性があります。

② 現代家族の動向

1 │ 小規模化する家族

　家族を構成する人数が減少し，日本の家族規模は小規模化しています。一世帯あたりの平均世帯人数を見ると，1970年は3.45人でしたが，1980年には3.28人となり，さらに2019年には2.39人にまで減少してきています（表2-3）。

　また，世帯構成を見ると，三世代世帯が減少し，単独世帯が増加しています。全世帯に占める単独世帯の割合を見ると，1970年は18.5%，1980年は18.1%でしたが，2022年には32.9%となっています。

　核家族世帯は横ばい傾向ですが，その形態は変化してきています。核家族というと「夫婦と子ども2人」といったイメージがありますが，近年は子どもをもたない夫婦のみの世帯が増加しており，核家族全体の約4割を占めています（表2-4）。

2 │ 高齢者世帯の増加

　高齢化の進展や高齢者と子の同居率の低下などによって，高齢者世帯[5]が増加しています。高齢者世帯は，1990年の約311万世帯から2022年には約1,693万世帯となり，全世帯に占める高齢者世帯の割合も1990年の7.7%から2022年には

表2-3　平均世帯人員の動向

年	1970	1980	1990	2000	2010	2015	2019	2022
人員数	3.45人	3.28人	3.05人	2.76人	2.59人	2.49人	2.39人	2.25人

出所：厚生労働統計協会（編）『国民の福祉と介護の動向 2023/2024』2023年，p.284.より筆者作成。

▷5　65歳以上の者のみ，または65歳以上の者と18歳未満の未婚の者で構成されている世帯のこと。

表 2-4　世帯数の動向

	総　数	単独世帯	核　家　族　世　帯				三世代	その他の
		総　数	総　数	夫婦のみの世帯	夫婦と未婚の子のみの世帯	ひとり親と未婚の子のみの世帯	世　帯	世　帯
推　計　数（千世帯）								
1970	29,887	5,542	17,028	3,196	12,301	1,531	5,739	1,577
80	35,338	6,402	21,318	4,619	15,220	1,480	5,714	1,904
90	40,273	8,446	24,154	6,695	15,398	2,060	5,428	2,245
2000	45,545	10,988	26,938	9,422	14,924	2,592	4,823	2,796
10	48,638	12,386	29,097	10,994	14,992	3,180	3,835	3,320
15	50,361	13,517	30,316	11,872	14,820	3,624	3,264	3,265
19	51,785	14,907	30,973	12,639	14,718	3,616	2,627	3,278
22	54,310	17,852	31,018	13,330	14,022	3,666	2,086	3,353
構　成　割　合（%）								
1970	100.0	18.5	57.0	10.7	41.2	5.1	19.2	5.3
80	100.0	18.1	60.3	13.1	43.1	4.2	16.2	5.4
90	100.0	21.0	60.0	16.6	38.2	5.1	13.5	5.6
2000	100.0	24.1	59.1	20.7	32.8	5.7	10.6	6.1
10	100.0	25.5	59.8	22.6	30.7	6.5	7.9	6.8
15	100.0	26.8	60.2	23.6	29.4	7.2	6.5	6.5
19	100.0	28.8	59.8	24.4	28.4	7.0	5.1	6.3
22	100.0	32.9	57.1	24.5	25.8	6.8	3.8	6.2

資料：1980年以前は厚生省「厚生行政基礎調査」，1990年以降は厚生労働省「国民生活基礎調査」。
出所：厚生労働統計協会（編）『国民の福祉と介護の動向 2023/2024』2023年，p.285.より筆者作成。

表 2-5　高齢者世帯の動向

	全世帯	高齢者世帯	全世帯に占める高齢者
	推計数（千世帯）	推計数（千世帯）	世帯の割合（%）
1990	40,273	3,113	7.7
2000	45,545	6,261	13.7
10	48,638	10,207	21.0
15	50,361	12,714	25.2
19	51,785	14,878	28.7
22	54,310	16,931	31.2

注：「高齢者世帯」とは，65歳以上の者のみで構成するか，またはこれに18歳
　　未満の未婚の者が加わった世帯をいう。
資料：厚生労働省「国民生活基礎調査」。
出所：厚生労働統計協会（編）『国民の福祉と介護の動向 2023/2024』2023年，
　　　p.286.より筆者作成。

31.2％と増加しています（表2‐5）。

<h1 style="text-align:center">③　現代の貧困問題</h1>

1 ｜ 日本は豊かな社会か

　第二次世界大戦後の復興から高度経済成長を経て日本の国民生活は豊かになりましたが，貧困の問題がなくなったわけではありません。むしろ経済的な格差は拡大しています。たとえば，何千万円，何億円もの年収を稼いでいる人がいる一方で，リストラによる失業や，ホームレスの増大，ワーキングプア[6]などの問題が表面化してきています。また，子どもの貧困も大きな社会問題となっています。2018年の子どもの貧困率は14.0％で，約7人に1人の子どもが貧困状態にあるといわれています。

　雇用の状況をみると，正規の職員・従業員の割合は年々低下する一方で，パート・アルバイトや派遣社員・契約社員などの非正規の職員・従業員の割合が増加しています。このような非正規の職員・従業員の増加は，低賃金で不安定な雇用状況をもたらし，貧困に陥るリスクを高めています。

2 ｜ 貧困がもたらす問題

　貧困は単にお金がないということだけでなく，さまざまな問題をもたらします。たとえば，日本の年間の自殺者は2万1,881人（2022年）ですが，経済的な問題がその背景にあると見られるものも多くあると考えられています。また，子ども虐待は貧困家庭で起きやすいといわれています。これは，貧困家庭では，必ず子ども虐待が起きるということではありません。むしろ起こらない家庭の方が多いのですが，一般の家庭と比較するとリスクが高いということが指摘されています。また，生活保護家庭などの貧困家庭の子どもの高校進学率が一般

▶6　マスコミによって使われはじめた言葉で正式な定義があるわけではないが，一般的には，働いているにもかかわらず生活保護の受給水準に満たない収入しか得られない人々のことをいう。

家庭と比較すると低いなど，学力との関係も指摘されています。

　子どもの貧困の社会問題化に伴って，全国各地でこども食堂が開設されるようになりました。こども食堂は法的には定義されていませんが，地域のボランティアが子どもに対して無料で食事や温かな居場所を提供する取り組みです。こども食堂は，貧困の子どもだけではなく，困難を抱える子どもも含めさまざまな子どもを対象としており，さらに地域住民を巻き込んだ交流拠点に発展していくことが期待されています。

　近年は，貧困問題だけでなく，ヤングケアラーや8050問題など，新たな福祉課題が社会的に注目を集めるようになってきています。ヤングケアラーとは，本来は大人が担うと想定されている家事や家族の世話などを日常的に行っている子どものことで，学業や友人関係，就職などへの影響が懸念されています。8050問題とは，80歳代の親と50歳代のひきこもり状態の単身・無職の子が同居している家庭に生じる問題のことで，社会的孤立や経済的困窮などの複合的な問題が生じやすいことが危惧されています。

本章のまとめ

　本章で見てきた少子高齢社会，現代家族の動向，現代の貧困問題は，いずれも社会福祉制度のあり方に大きな影響を与えます。このような社会福祉を取り巻く環境について理解することは援助においても役立ちます。

第 **3** 章

社会福祉の歴史

· · ·

ポイント

1　戦前の社会福祉制度や民間の社会福祉事業
2　戦後の社会福祉制度の変遷
3　社会福祉基礎構造改革

1　戦前の社会福祉の歴史

1 ｜ 国の制度としての社会福祉施策の整備

　日本では，明治維新後，封建社会が崩れ近代化が進められていく中で，生活困窮者が増加していきました。このような状況に対応するため，国の制度としての社会福祉施策が整備されはじめました（表3-1）。

　国による生活困窮者の救済制度として，1874（明治7）年に恤 救 規則が制定されました。しかし，恤救規則は救済の対象者を限定するなど制限的な救済制度であったため，生活困窮者はさらに増加していくことになりました。恤救規則がこのような救済の対象を限定していた背景には，国による救済は怠け者を増加させるといった考え方や，国民の経済活動に国が介入すべきでないといった考え方がありました。

　1929（昭和4）年には，恤救規則が廃止され，救護法が制定されました。救護法の制定によって，現在の生活保護制度の原型が整えられることとなりました。しかし，労働能力のある貧困者は救済対象から除外するなど，依然として制限されたままでした。

　第二次世界大戦が始まると，社会福祉施策も戦争の影響を受け，戦争に役立

23

表 3 - 1　戦前の社会福祉施策

1874年　恤救規則
1900年　感化法
1917年　済世顧問制度（岡山県）
1918年　方面委員制度（大阪府）
1929年　救護法（→1932年施行）
1933年　少年教護法，児童虐待防止法
1936年　方面委員令
1937年　母子保護法，軍事扶助法
1938年　社会事業法，厚生省設置

出所：筆者作成。

表 3 - 2　戦前の民間社会福祉事業

石井十次	岡山孤児院 設立年 1887年 （明治20年）	孤児や棄児等を保護し養育する施設（現在の児童養護施設）。多い時には約1,200名の孤児が施設で生活していた。施設の運営や処遇の方針を示した「岡山孤児院十二則」を策定したり，小舎制を導入したり，里親事業を試行したりするなど，先駆的な実践を試みた。
石井亮一	滝乃川学園 1891年 （明治24年）	日本で最初の知的障害児施設。当時は知的障害児に対する支援方法が確立していなかったが，その支援のあり方を探求し科学的な知見に基づく実践を試みた。
留岡幸助	家庭学校 1899年 （明治32年）	非行少年に対する感化教育施設（現在の児童自立支援施設）。非行少年には懲罰でなく，よい環境と教育を与えることが必要であると主張し，それを家庭学校で実践した。
片山　潜	キングスレー館 1897年 （明治30年）	わが国で最初のセツルメント（スラム街に住み込んで地域の問題を改善していくことを目的とした活動）。貧しい人々との隣人関係を通して意識や行動を改善し，地域の問題解決に導く。
野口幽香・森島　峰	二葉幼稚園 1900年 （明治33年）	貧困家庭の子どもを対象とした保育施設。のちに二葉保育園に改称。

出所：筆者作成。

つ人材を確保することに重点が置かれるようになります。この時期に制定され
た法律の中には軍人を優遇するような制度も多くありました。

2 ｜ 民間社会福祉事業の展開

　明治期から第二次世界大戦までの日本の社会福祉施策は，国が積極的に支援
するという姿勢はあまり見られず，支援を必要とする人々にとっては利用しに
くい制度でした。このような不十分な社会福祉施策を補完する形で，国の制度
に基づかない民間社会福祉事業が展開されていくこととなります。

　この時期の有名な民間社会福祉事業家としては，石井十次，石井亮一，留岡
幸助，片山潜，野口幽香，森島峰などが挙げられます（表3-2）。

　このような戦前の民間社会福祉事業家の活動は多くの人々を救済するととも
に，民間社会福祉事業の発展に貢献し，戦後の社会福祉施策に大きな影響を与
えました。

② 　戦後の社会福祉の歴史

1 ｜ 戦後の社会福祉の仕組みを支えた福祉六法体制と社会福祉事業法

　終戦直後の社会福祉施策は，生活保護法，児童福祉法，身体障害者福祉法を
中心としたいわゆる「福祉三法体制」において推進されていきました。

　戦後の混乱期において何よりも生活困窮者の最低生活を保障することが緊急
の課題とされる中，1946年に生活保護法が制定されました（1950年に現行の生
活保護法に全面改定）。また，戦争によって親を失い，住む場所のない浮浪児が
社会問題となる中，すべての子どもの援助を目的とした児童福祉法が制定され
ました。さらに，戦争で負傷した多くの軍人などを早急に援助する必要性から
1949年に身体障害者福祉法が制定されました。

　1951年には社会福祉事業法（現 社会福祉法）が制定されました。社会福祉事
業法は，社会福祉事業の全分野における組織や運営管理にかかわる共通事項を

定めたものです。これにより福祉事務所や社会福祉主事など戦後の社会福祉の基本的な仕組みが確立しました。

さらに，1960年代に入ると社会福祉の対象が拡大していきます。1960年には精神薄弱者福祉法（1998年に「知的障害者福祉法」に名称変更）が制定され，知的障害者の福祉の向上を図るための総合的な施策が整備されました。1963年には老人福祉法が制定され，老人の福祉の向上を図るための総合的な施策が整備されました。1969年には母子福祉法（1981年に対象を寡婦まで拡大し「母子及び寡婦福祉法」に名称変更。さらに2014年には対象を父子家庭まで拡大し「母子及び父子並びに寡婦福祉法」に名称変更）が制定され，母子家庭の福祉の向上を図るための総合的な施策が整備されました。

知的障害者福祉法，老人福祉法，母子及び父子並びに寡婦福祉法は，福祉三法（生活保護法，児童福祉法，身体障害者福祉法）と合わせて社会福祉六法と呼ばれ，この時期にいわゆる「福祉六法体制」が確立しました。

2 │ 福祉元年から福祉見直しへ

1950年代後半から始まった高度経済成長によって，国民生活は豊かになっていきました。社会福祉施策も対象を拡大していき，一般国民を対象とした施策が整備されていきました。1961年には国民皆保険と国民皆年金が実現しました。

しかし，低い年金水準や過重な医療費負担などが大きな社会問題となっていきました。このような状況に対応するため，1973年には，医療費の負担を軽減したり，年金の支給水準を引き上げたりする改革が行われました。さらに，老人医療費支給制度が創設され，老人の医療費負担が無料化されました。

このような改革が行われたことによって，1973年度の社会保障関係費の当初予算額は大幅に増えました。この年を「福祉元年」と称して，経済成長優先か

▶1　一般的には「未亡人」と同じ意味で使われるが，母子及び父子並びに寡婦福祉法では，「配偶者のない女子であつて，かつて配偶者のない女子として民法第877条の規定により児童を扶養していたことのあるもの」を指す。
▶2　70歳以上の高齢者が医療を受けた場合の自己負担費用を全額公費で負担する制度。1982年の老人保健法の施行に伴い廃止された。

ら福祉優先へ転換を図るという見解もきかれました。

　しかし，1973年10月の石油危機（オイルショック）によって状況が一転し，日本経済は急速に落ち込みを見せはじめます。このような状況の中で，国・地方の財政は大幅な赤字を抱えるようになり，「福祉見直し」が主張されるようになって「福祉元年」は1年で収束していきました。

　1981年には，行政の仕組みの見直しを行うために第二次臨時行政調査会（第二臨調）が設置されました。歳出削減を主な内容とする第二臨調の答申は次々と実行に移され，その後の社会福祉施策に大きな影響を与えることとなりました。

3 ｜ 地域を基盤とした社会福祉の展開

　1989年3月に，福祉関係三審議会合同企画分科会において「今後の社会福祉のあり方について（意見具申）」が，とりまとめられました。

　この意見具申では，まず社会福祉の新たな展開を図るための基本的考え方として，①市町村の役割の重視，②在宅福祉の充実，③民間福祉サービスの健全育成，④福祉と保健・医療の連携強化・総合化，⑤福祉の担い手の養成と確保，⑥サービスの総合化・効率化を推進するための福祉情報提供の6点が提示され，1990年代の社会福祉改革の方向性が示されました。

　この意見具申を受けて，1990年に社会福祉関係八法改正[3]が行われました。主な改正の内容としては，①老人福祉施設の入所措置の権限を市町村へ委譲，②ホームヘルパーなどの在宅福祉サービスの法的位置づけの明確化，③市町村・都道府県に老人保健福祉計画の策定の義務づけなどが挙げられます。この改正によって，地域を基盤とした社会福祉の流れが推進されていくようになりました。

▷3　老人福祉法，身体障害者福祉法，知的障害者福祉法，児童福祉法，母子及び寡婦福祉法，社会福祉事業法，老人保健法，社会福祉・医療事業団法の八法の改正（法律名は当時のもの）。

4 | 少子高齢社会への対応

　1994年3月には，少子高齢社会に対応するための社会保障の総合的な展望を示した「21世紀福祉ビジョン」がとりまとめられました。「21世紀福祉ビジョン」では，介護に関する既存の制度を再編成し，社会保険方式を基盤とした新たな制度の創設を目指すべきことが提言されました。これを受けて，1997年12月に介護保険法が成立し，2000年4月から施行されています。

　1990年代には，社会福祉サービスの基盤整備を計画的に推進するために国レベルの計画が相次いで策定されていきます。1994年12月には「高齢者保健福祉推進十か年戦略の見直しについて」（新ゴールドプラン），「今後の子育て支援のための施策の基本的方向について」（エンゼルプラン），1995年12月には「障害者プラン」が策定されました。このような長期的な計画を策定することで，社会福祉サービスの基盤整備を効果的・効率的に推進し，総合的な視点からその実現に向かって取り組んでいくこととなりました。

③　社会福祉基礎構造改革

1 | 社会福祉基礎構造改革とは何か

　社会福祉事業，社会福祉法人，福祉事務所，措置制度などの社会福祉全般を支える基本的な仕組みは，1951年の社会福祉事業法制定以来，大きな改正が行われてきませんでした。そのため，現状のままでは，今後増大し，多様化することが予想される国民の福祉ニーズに十分対応していくことは困難であるとして，1990年代後半から社会福祉の基本的な仕組みについて抜本的な見直しが行われました。この一連の動きを社会福祉基礎構造改革といいます（表3-3）。

　社会福祉基礎構造改革では，国民が自らの生活を自らの責任で営むことを基本とした上で，自らの努力だけでは自立した生活を維持できない場合に，社会連帯の考え方に立った支援を行い，個人が人としての尊厳をもって，家庭や地

表3-3　社会福祉基礎構造改革の動向

1997年8月	社会福祉事業等の在り方に関する検討会を設置
1997年11月	「社会福祉の基礎構造改革について（主要な論点）」を公表
	中央社会福祉審議会社会福祉基礎構造改革分科会を設置
1998年6月	「社会福祉基礎構造改革について（中間まとめ）」を公表
1998年12月	「社会福祉基礎構造改革を進めるに当たって（追加意見）」を公表
2000年5月	「社会福祉の増進のための社会福祉事業法等の一部を改正する等の法律」が成立
2000年6月	社会福祉法施行

出所：筆者作成。

```
改革の基本的方向

①サービスの利用者と提供者の対等な関係の確立
②個人の多様な需要への地域での総合的な支援
③幅広い需要に応える多様な主体の参入促進
④信頼と納得が得られるサービスの質と効率性の向上
⑤情報公開等による事業運営の透明性の確保
⑥増大する費用の公平かつ公正な負担
⑦住民の積極的な参加による福祉文化の創造
```

```
社会福祉の理念

○国民が自らの生活を自らの責任で営むことが基本

○自らの努力だけでは自立した生活を維持できない
　場合に社会連帯の考え方に立った支援
　　　↓
○個人が人としての尊厳をもって，家庭や地域の中で，
　その人らしい自立した生活が送れるよう支える
```

図3-1　社会福祉基礎構造改革の基本的方向

出所：中央社会福祉審議会社会福祉構造改革分科会「社会福祉基礎構
造改革について（中間まとめ）」1998年。

域の中で，年齢や障害の有無にかかわらず，その人らしい安心な生活が送れる
よう自立を支援することを理念として掲げています。

　さらに，このような理念に基づく社会福祉を実現するために，①利用者と提
供者との対等な関係の確立，②地域での総合的な支援，③多様な主体の参入促
進，④質と効率性の向上，⑤透明性の確保，⑥公平かつ公正な負担，⑦福祉文

化の創造の7点が改革の基本的方向として示されました（図3‐1）。

　さまざまな議論が重ねられた結果，2000年5月に「社会福祉の増進のための社会福祉事業法等の一部を改正する等の法律」が成立し，6月に従来の社会福祉事業法は社会福祉法と名称変更され施行されることとなりました。また，身体障害者福祉法，知的障害者福祉法，児童福祉法，民生委員法，社会福祉施設職員等退職手当共済法，生活保護法の一部が改正されました。

　一連の改正の特徴は，①措置制度から選択制度（契約制度）へ，②地域福祉の推進の2つに大きく分けられます。以下では，この2点について詳しく見ていきます。

2 措置制度から選択制度（契約制度）へ

　利用者の立場に立った社会福祉制度を構築していくために，従来の行政処分によりサービス内容を決定する措置制度から，一部の例外を除いて利用者が事業者と対等な関係に基づきサービスを選択する選択制度（契約制度）への移行が行われました。

　高齢者福祉分野では2000年4月の介護保険法の施行により契約制度が導入され，子ども家庭福祉分野では1997年の児童福祉法改正により1998年4月から保育所入所に関して利用者の選択に基づく選択制度が導入されました。障害者福祉分野においても2003年度より支援費制度が導入され，さらに2006年4月の障害者自立支援法の施行により契約制度が導入されました（2013年4月からは障害者総合支援法に移行）。

　このような選択制度への移行に伴い，地域福祉権利擁護事業や苦情解決制度など利用者保護のための制度が創設されました。また，サービスの質の向上のために，事業者によるサービスの質の自己評価，第三者評価，事業運営の透明性の確保，国・地方自治体による情報提供体制の整備などが行われました。

3 地域福祉の推進

　前述したように，1990年の社会福祉関係八法改正により地域を基盤とした社

会福祉の流れが推進されるようになってきました。社会福祉基礎構造改革においてもその流れは推進され，社会福祉法に「地域福祉」という言葉がはじめて規定されました。

　社会福祉法第 4 条第 2 項には，「地域住民，社会福祉を目的とする事業を経営する者及び社会福祉に関する活動を行う者は，相互に協力し，福祉サービスを必要とする地域住民が地域社会を構成する一員として日常生活を営み，社会，経済，文化その他あらゆる分野の活動に参加する機会が確保されるように，地域福祉の推進に努めなければならない」と規定されました。また，都道府県・市町村において地域福祉計画を策定することも規定されました。

　さらに，知的障害者福祉等に関する事務の市町村への委譲，市町村社会福祉協議会を地域福祉の推進役として明確に位置づけるなど社会福祉協議会，共同募金，民生委員・児童委員の活性化を図るための改正が行われました。

④　2000年以降の動向

　社会福祉基礎構造改革以降も社会福祉制度の整備は進められています。2020年 6 月の社会福祉法等の改正により，地域共生社会の実現を図るために，地域住民の複雑化・複合化した支援ニーズに対応する市町村の包括的な福祉サービス提供体制を整備する観点から，重層的支援体制整備事業が制度化されました。

　高齢者福祉分野では，2000年 4 月に介護保険法が施行され，その後も改正が重ねられています。また，2008年 4 月からは老人保健法から改正された高齢者の医療の確保に関する法律に基づいて，後期高齢者（75歳以上）に対する医療が提供されるようになりました。

　子ども家庭福祉分野では，子ども・子育てにおける新しい制度を構築するための検討が重ねられ，2015年 4 月に施行された子ども・子育て支援法等に基づいて，幼児期の学校教育・保育，地域の子ども・子育て支援を総合的に推進していくことになりました。また，子どもの貧困に対応するために，2013年 6 月に子どもの貧困対策の推進に関する法律が成立しました。さらに，2023年 4 月

にはこども基本法が施行されるとともに，従来の縦割り行政を解消して「こどもまんなか社会」を実現するために，こども家庭庁が創設されました。

　障害者福祉分野では，2003年4月より施行された支援費制度が2006年4月からは障害者自立支援法へ，2013年4月からは障害者総合支援法へ移行しました。また，2005年4月の発達障害者支援法の施行，2016年4月の障害を理由とする差別の解消の推進に関する法律（障害者差別解消法）の施行，2021年9月の医療的ケア児及びその家族に対する支援に関する法律の施行など，新たな法律の整備が進められています。

　さらに，各分野で虐待が大きな社会問題となっていることから，児童虐待の防止等に関する法律（児童虐待防止法，2000年4月施行），高齢者虐待の防止，高齢者の養護者に対する支援等に関する法律（高齢者虐待防止法，2006年4月施行），障害者虐待の防止，障害者の養護者に対する支援等に関する法律（障害者虐待防止法，2012年10月施行）が整備されました。

本章のまとめ

　本章で見てきたように，社会福祉制度は社会状況の変化などに対応して整備されてきました。このような社会福祉の歴史について理解することは，現在の社会福祉制度の意義や役割の理解においても役立ちます。

第 **4** 章

社会福祉の仕組み

・・・

ポイント

1 社会福祉の仕組みの基礎となる法律
2 社会福祉の法律に基づいて展開される社会福祉行政の仕組み
3 社会福祉を支える財政の仕組みと利用者の負担

1　社会福祉の法律

　社会福祉を具体的に実施するために，さまざまな法律が整備されています。これら社会福祉にかかわる法律をその主要な性格に基づいて分類すると，①基本法，②所得保障法，③福祉サービス法，④介護サービス法，⑤保健サービス法，⑥組織・資格法の6つに分けられます（表4‐1）。

　基本法は，法律が対象としている社会福祉の分野ごとに国の制度・政策に関する考え方や基本方針を明示した法律です。たとえば少子化社会対策基本法であれば，少子化対策に国や社会全体で取り組んでいくことを国民（市民）に向けて宣言することで，少子化対策の施策の方向性を明示し，他の法律や行政を指導・誘導する役割を果たしています。

　所得保障法は，人々の所得ニーズに対応し，現金を給付して財やサービスを購入できるようにすることを目的とする制度とその利用手続きを規定した法律です。所得保障法には，生活保護法，児童手当法，児童扶養手当法，特別児童扶養手当等の支給に関する法律などがあります。このうち，生活保護法を扶助法，児童手当法，児童扶養手当法，特別児童扶養手当等の支給に関する法律を社会手当法と分類することもあります。

　福祉サービス法は，多様な福祉サービスを提供し，人々の福祉ニーズを充足，

表 4 - 1　社会福祉の法体系

法の性格	法の名称
基本法	こども基本法 障害者基本法 高齢社会対策基本法 少子化社会対策基本法
所得保障法	生活保護法 児童手当法 児童扶養手当法 特別児童扶養手当等の支給に関する法律 生活困窮者自立支援法
福祉サービス法	児童福祉法 母子及び父子並びに寡婦福祉法 児童虐待の防止等に関する法律 児童買春，児童ポルノに係る行為等の規則及び処罰並びに児童の保護等に 　　関する法律 子ども・子育て支援法 就学前の子どもに関する教育，保育等の総合的な提供の推進に関する法律 子どもの貧困対策の推進に関する法律 身体障害者福祉法 知的障害者福祉法 精神保健及び精神障害者福祉に関する法律 発達障害者支援法 老人福祉法 高齢者虐待の防止，高齢者の養護者に対する支援等に関する法律 障害者の日常生活及び社会生活を総合的に支援するための法律 障害者虐待の防止，障害者の養護者に対する支援等に関する法律 障害を理由とする差別の解消の推進に関する法律 困難な問題を抱える女性への支援に関する法律
介護サービス法	介護保険法 地域における医療及び介護の総合的な確保の促進に関する法律
保健サービス法	地域保健法 母子保健法 高齢者の医療の確保に関する法律 医療的ケア児及びその家族に対する支援に関する法律
組織・資格法	社会福祉法 民生委員法 社会福祉士及び介護福祉士法 精神保健福祉士法

出所：古川孝順『社会福祉原論』誠信書房，2003年，p. 153. を一部改変。

No

軽減，緩和することを目的とする制度とその利用手続きを規定した法律です。福祉サービス法には多様な法律があり，福祉サービスの利用者別にみると貧困・低所得者，子ども・家庭・女性，障害者，高齢者に整理できます。

　また，介護サービス法には介護保険法があります。介護保険法は福祉（介護）サービスに関する法律ですが，社会保険方式を導入しているので，福祉サービスとは別に分類されます。

　保健サービス法は，人々の保健ニーズを充足，軽減，緩和することを目的とする制度とその利用手続きを規定した法律です。福祉サービス法とは隣り合った分野で密接に関連しています。保健サービス法には，地域保健法，母子保健法などがあります。

　組織・資格法は，社会福祉の組織や資格について規定した法律です。社会福祉事業の種類や組織，機関，施設，職員などについて規定している組織法と，社会福祉の職員の専門職資格などについて規定している資格法があります。具体的には，組織法には社会福祉法，資格法には社会福祉士及び介護福祉士法，精神保健福祉士法，民生委員法があります。

２　社会福祉を支える行政の仕組み

　国は社会福祉の法律の作成や政策の企画・立案など社会福祉の基本的な制度設計を中心的に担い，それに基づく実際の福祉サービスの提供は地域住民に一番身近な市町村が担当し，都道府県は福祉サービス供給主体にかかわる事務や市町村の支援を行います（図 4 - 1）。なお，市町村には政令指定都市と中核市がありますが，政令指定都市は基本的には都道府県と同様の業務と権限をもち，中核市もこれに準じた業務と権限をもっています。

　国や地方自治体が社会福祉を実施するにあたっては，さまざまな法令によって実施する内容が定められています。法律をはじめとして，その施行に関する規定があるほか，最低基準，要綱，運営規定，運営基準など，法律や条令を補足する多くの細則があります。所得保障や福祉サービスの提供にあたっては，

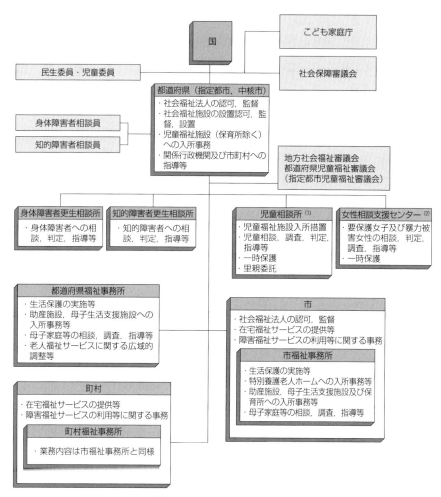

図 4-1 社会福祉の実施体制

注：(1) 2023年4月よりこども家庭庁が所管。
　　(2) 困難な問題を抱える女性への支援に関する法律により，2023年4月より，婦人相談所から名称変更。
出典：厚生労働省（編）『厚生労働白書（令和5年版）』日経印刷，2023年，資料編，p. 194.（https://www.mhlw.go.jp/wp.hakusho/kosei/22-2/dl/08.pdf，2023年11月29日閲覧）を一部改変。

福祉サービスの提供組織や利用資格などを定めた所得保障法や福祉サービス法によって，さらに利用者の審査・決定手続き，費用負担の基準や額など，その具体的内容は要綱や規定に基づいて行われています。

　国と地方自治体の関係は，1999年の地方分権一括法によって，かつてのように国の指揮監督のもとに地方自治体が事務を実施する上下関係ではなく，国と地方自治体が対等な関係で事務を分担することになりました。社会福祉の分野では，生活保護がナショナルミニマムの観点から国が地方自治体に委託できる「法定受託事務」となり，住民の生活や健康にかかわる福祉サービスなどの事務は地方自治体が主体的に実施する「自治事務」となりました。これにより，社会福祉の実施主体として地方自治体の役割が大きくなってきています。

1 ｜ 国の社会福祉行政の仕組み

　戦後，国の社会福祉行政の中心を担ってきたのは厚生省ですが，社会福祉・社会保障政策と労働政策との連携を目指して，2001年1月に厚生省と労働省が統合再編され厚生労働省となりました。厚生労働省は，引き続き国の社会福祉の公的機関としての役割を担っています。この厚生労働省の各部局のうち，社会・援護局，老健局の2局が社会福祉に関する事務を担当しています。

　社会・援護局は，社会福祉法人や福祉事務所，共同募金会など，社会福祉の各分野に共通する基盤制度のほか，地域福祉，生活保護制度，困難な問題を抱える女性への支援などの業務を担当しています。また，社会・援護局には障害保健福祉部が置かれ，障害者総合支援法，障害者基本法，身体障害者福祉法，特別児童扶養手当等の支給に関する法律，知的障害者福祉法，精神保健法などに基づいて障害福祉サービスを分担しています。

▷1　イギリスのウェッブ夫妻（Webb, Sidney/Webb, Beatrice）が提唱した概念で，国家が国民に対して保障する最低限の生活水準のこと。

▷2　本来は国が行うべきだが，地方自治体で対応する方が住民の利便性にかなう場合に委託する事務のことで，生活保護や国道の管理などがある。

▷3　地方自治体の自己決定と責任において実施される事務のことで，組織・財務・自治立法に関する事務と学校・保育所・病院などの各種事業やバス・地下鉄などの公営事業などがある。

老健局は，老人保健福祉分野で，老人福祉法，介護保険法などに基づいて高齢者の保健・福祉・医療，福祉機器などを担当しています。

　2023年4月には，内閣府の外局としてこども家庭庁が発足しました。これまで厚生労働省や内閣府が所管してきた母子保健，子育て支援，社会的養護などの政策を一体的に担うとともに，各府省庁で横断的に取り組むべき子ども政策を幅広く企画立案し主導していく役割を担います。厚生労働省と内閣府から移管された部局は，長官官房，成育局，支援局に編成されました。

　このほか，社会福祉に関する国の付属機関として，厚生労働大臣の諮問機関である社会保障審議会があります。審議会は厚生労働大臣の諮問によって社会福祉・社会保障に関する事項を専門家や有識者が調査・審議して，答申や意見具申をする役割を担っています。社会保障全体について総合的に議論するほか，社会福祉各法に定められた審議会業務を行う分科会や重要な政策課題に応じて集中的に議論する部会を設置しています。

2 ｜ 地方自治体の社会福祉行政の仕組み

　地方自治体の社会福祉行政の仕組みは，①都道府県と市町村で，施策や制度の企画・運営や財務などの管理を担当する管理運営部門と，②社会福祉の現場や窓口に出て住民と接しながら審査，相談・援助などの福祉サービスを提供する現業部門に大きく分けられます。

　都道府県では民生関係部局が管理運営部門にあたります。その名称は，民生部や生活福祉部など都道府県によって異なります。部内には地域福祉課，子ども家庭課，福祉課などがあり，社会福祉法人の認可・監督，社会福祉施設の設置・認可，関係行政機関・市町村への指導などを行っています。近年は，保健・医療・福祉サービスの総合的な提供という観点から，保健部と福祉部が統合された保健福祉部として設置されているところもあります。

　現業部門としては福祉事務所や児童相談所，社会福祉施設などが設置され，各種福祉サービスを提供しています。このうち福祉事務所や児童相談所は，福祉サービスの利用を希望する者に対して，その申請を受理し，調査あるいは審

査・判定し，一定の基準に照らして福祉サービス利用の可否を判断し，行政
処分⁴を行う実施機関としての権限ももっています。

　また，市町村の社会福祉行政の仕組みも都道府県と同じ構造ですが，管理運
営部門と現業部門との区別が明確ではなく，管理運営部門の民生関係部局が現
業部門である福祉事務所や福祉センターを兼ねている場合もあります。

③　社会福祉を支える財政

1 ｜ 社会福祉を支える国の財政

　社会福祉を実施するには，さまざまな機関や団体，施設・設備，サービスや
金品の給付などの経費が必要です。社会福祉は，私たちの生活を保障するとい
う性格から，財源のほとんどが政府の一般財源（公費）でまかなわれています。

　図 4 - 2 は2023年度の国の一般会計歳出の構成を示しています。予算総額114
兆3,812億円のうち社会保障関係費が36兆8,889億円で，全体の32.3％と最も大
きな割合を占めています。

　社会保障関係費には，年金給付費，医療給付費，介護給付費，少子化対策費，
生活扶助等社会福祉費，保健衛生対策費，雇用労災対策費があります。社会保
障関係費の推移（表 4 - 2 ）をみると，生活扶助等の社会福祉費の割合はほぼ横
ばい状態ですが，年金・医療・介護給付費は，高齢化の進展による受給者の増
加や疾病構造の変化などにより，社会保障関係費全体の約 8 割を占めています。
なお，2016年度から区分に少子化対策費が設けられ，子ども・子育て支援施策
への取り組みがみられます。

　また，社会保障給付費の部門別推移（図 4 - 3 ）をみると，2023年度（予算ベ
ース）では「福祉その他」が32兆5,000億円（24.2％），「医療」が41兆6,000億
円（31.0％），「年金」が60兆1,000億円（44.8％）となっています。社会保障給

▷ 4 　行政が行う行為のうち，その行為によって直接，国民の権利義務を形成し，またその範囲を確
　　定することが法律上認められているもの。

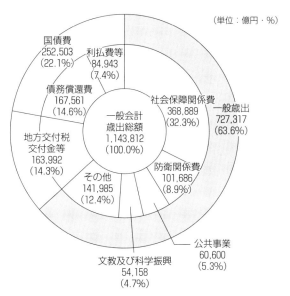

（単位：億円・%）

図4-2　2023年度一般会計予算（歳出）の内訳

出所：財務省 HP（https://www.mof.go.jp/tax_policy/summary/condition
/a02.htm，2023年8月22日閲覧）。

付費はどの部門も増加傾向を示していますが，「年金」がとくに顕著な伸びを示しています。

　「福祉その他」部門には，社会福祉サービスや介護対策にかかわる費用，生活保護の各種扶助（医療扶助は除く），児童手当等の各種手当，医療保険の傷病手当金，労災保険の休業補償給付，雇用保険の失業給付があります。「医療」部門には，医療保険，老人保健の医療給付，生活保護の医療扶助，労災保険の医療給付，結核・精神医療その他の公費負担医療，保健所などが行う公衆衛生サービスにかかわる費用などがあります。「年金」部門には，厚生年金，国民年金等の公的年金，労災保険の年金給付などがあります。

　このように社会保障に関する経費は年々増加し続けていて，これからも少子高齢化の進展によってこの傾向は続くと思われます。一方で，経済状況の悪化に伴って税収は落ち込み，わが国の財政状況は悪化しており，予算の中で大きな割合を占める社会保障の構造的な改革が求められています。

表 4 - 2　国の予算における社会保障関係費の推移

（単位：億円・％）

区　分	1980	1990	2000	区　分	2010
社会保障関係費	82,124 (100.0)	116,154 (100.0)	167,666 (100.0)	社会保障関係費	272,686 (100.0)
生活保護費	9,559 (11.6)	11,087 (9.5)	12,306 (7.3)	年金医療介護 保険給付費	203,363 (74.6)
社会福祉費	13,698 (62.2)	24,056 (20.7)	36,580 (21.8)	生活保護費	22,388 (8.2)
社会保険費	51,095 (62.2)	71,953 (61.9)	109,551 (65.3)	社会福祉費	39,305 (14.4)
保健衛生対策費	3,981 (4.8)	5,587 (4.8)	5,434 (3.2)	保健衛生対策費	4,262 (1.6)
失業対策費	3,791 (4.6)	3,471 (3.0)	3,795 (2.3)	雇用労災対策費	3,367 (1.2)
厚生労働省予算	86,416 (7.5)	120,521 (6.4)	174,251 (3.9)	厚生労働省予算	275,561 (9.5)
一般歳出	307,332 (10.3)	353,731 (3.8)	480,914 (2.6)	一般歳出	534,542 (3.3)

区　分	2019	2020	2021	2022	2023
社会保障関係費	340,593 (100.0)	358,608 (100.0)	358,421 (100.0)	362,735 (100.0)	368,889 (100.0)
年金給付費	120,488 (35.4)	125,232 (34.9)	127,005 (35.4)	127,641 (35.2)	130,857 (35.5)
医療給付費	118,543 (34.8)	121,546 (33.9)	119,821 (33.4)	120,925 (33.3)	121,517 (32.9)
介護給付費	32,101 (9.4)	33,838 (9.4)	34,662 (9.7)	35,803 (9.9)	36,809 (10.0)
少子化対策費	23,440 (6.9)	30,387 (8.5)	30,458 (8.5)	31,094 (8.6)	31,412 (8.5)
生活扶助等 社会福祉費	41,805 (12.3)	42,027 (11.7)	40,716 (11.4)	41,759 (11.5)	43,093 (11.7)
保健衛生対策費	3,827 (1.1)	5,184 (1.4)	4,768 (1.3)	4,756 (1.3)	4,754 (1.3)
雇用労災対策費	388 (0.1)	395 (0.1)	991 (0.3)	758 (0.2)	447 (0.1)
厚生労働省予算	320,358 (2.9)	330,366 (3.1)	331,380 (0.3)	335,160 (1.1)	331,686 (1.6)
一般歳出	619,639 (5.2)	634,972 (2.5)	669,020 (5.4)	673,746 (0.1)	727,317 (8.0)

注：(1)　四捨五入のため内訳の合計が予算総額に合わない場合がある。
　　(2)　（　）内は構成比。2001年度以前の厚生労働省予算は，厚生省予算と労働省予算の合計である。
　　(3)　2023年4月にこども家庭庁が創設され業務の一部が移管されたため，2023年度における厚生労働省予算の伸率は，その移管後の2022年度予算額（32兆6,304億円）との対比による。
出所：厚生労働省（編）『厚生労働白書 令和4年版』日経印刷，2022年，資料編，p. 18. を一部改変。

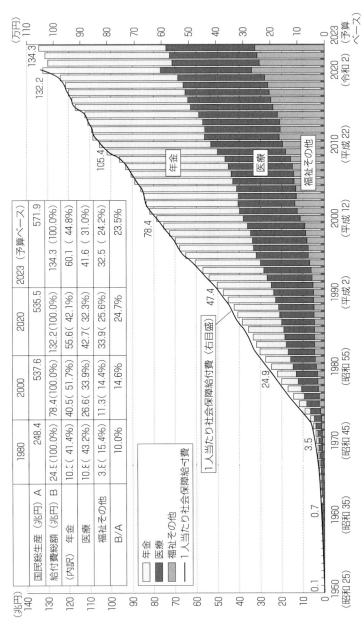

図 4 - 3 社会保障給付費の部門別推移

注：図中の数値は、1950、1960、1970、1980、1990、2000、2010及び2020並びに2023年度（予算ベース）の社会保障給付費（兆円）である。
資料：国立社会保障・人口問題研究所「令和2年度社会保障費用統計」、2021～2023年度（予算ベース）は厚生労働省推計。2023年度の国内総生産は「令和5年度の経済見通しと経済財政運営の基本的態度（令和5年1月23日閣議決定）」。
出所：厚生労働省HP「政策について（福祉と負担について）」（https://www.mhlw.go.jp/stf/newpage_21509.html、2023年8月24日閲覧）。

		1980	2000	2020	2023（予算ベース）
国民総生産（兆円）	A	248.4	537.6	535.5	571.9
給付費総額（兆円）	B	24.9(100.0%)	78.4(100.0%)	132.2(100.0%)	134.3 (100.0%)
（内訳）年金		10.5(41.4%)	40.5(51.7%)	55.6(42.1%)	60.1 (44.8%)
医療		10.8(43.2%)	26.6(33.9%)	42.7(32.3%)	41.6 (31.0%)
福祉その他		3.8(15.4%)	11.3(14.4%)	33.9(25.6%)	32.5 (24.2%)
B/A		10.0%	14.6%	24.7%	23.5%

表 4 - 3　地方財政の目的別歳出決算額の推移

(単位：億円)

区　分	決算額（構成比．%）				
	2008年度	2012年度	2016年度	2020年度	2021年度
総務費	89,196 (9.9)	99,18 (10.3)	89,016 (9.1)	225,346 (18.0)	124,318 (10.1)
民生費	178,211 (19.9)	231,523 (24.0)	263,408 (26.8)	286,942 (22.9)	313,130 (25.4)
衛生費	53,902 (6.0)	59,932 (6.2)	62,584 (6.4)	91,202 (7.3)	113,751 (9.2)
労働費	6,630 (0.7)	7,687 (0.8)	2,963 (0.3)	3,264 (0.3)	2,832 (0.2)
農林水産業費	32,867 (3.7)	31,813 (3.3)	31,712 (3.2)	34,106 (2.7)	33,045 (2.7)
商工費	53,277 (5.9)	62,069 (6.4)	51,951 (5.3)	115,336 (9.2)	149,802 (12.1)
土木費	128,712 (14.4)	112,423 (11.7)	120,182 (12.2)	126,902 (10.1)	126,858 (10.3)
消防費	17,996 (2.0)	19,068 (2.0)	19,855 (2.0)	21,250 (1.7)	20,040 (1.6)
警察費	33,244 (3.7)	31,881 (3.3)	32,608 (3.3)	33,211 (2.6)	32,923 (2.7)
教育費	161,467 (18.0)	161,479 (16.7)	167,458 (17.1)	180,961 (14.4)	177,896 (14.4)
公債費	13,192 (14.7)	130,087 (13.5)	125,719 (12.8)	120,636 (9.6)	126,650 (10.3)
その他	9,821 (1.1)	16,606 (1.8)	13,959 (1.5)	15,433 (1.2)	12,433 (1.0)
歳 出 合 計	896,915 (100.0)	964,186 (100.0)	981,415 (100.0)	1,254,588 (100.0)	1,233,677 (100.0)

出所：総務省（編）『地方財政白書　各年度版』（https://www.soumu.go.jp/menu_sei saku/hakusyo/index.html，2023年 8 月24日閲覧）より筆者作成。

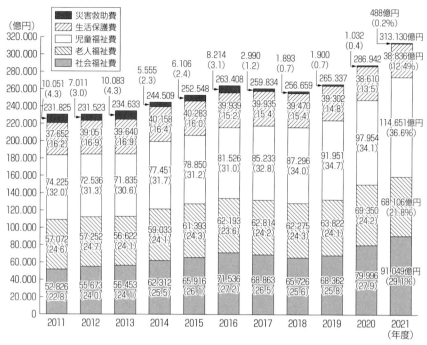

図4-4　民生費の目的別歳出の推移

出所：総務省『地方財政白書 令和5年版』資料編（https://www.soumu.go.jp/menu_seisaku/hakusyo/chihou/r05
data/2023data/r05czb01-04.html#p01040101, 2023年8月23日閲覧）。

2 │ 社会福祉を支える地方自治体の財政

　地方自治体の財政は，国からの地方交付税や国庫支出金[5]，地方自治体の固有
の財源となる地方税などから構成されます。近年は地方分権の推進に伴って国
庫負担率が引き下げられており，地方の負担となる一般財源等が比重を増して
います。

　表4-3は，地方財政の目的別歳出額の推移を示したものです。地方自治体
の社会福祉行政に必要な経費を「民生費」といいます。民生費には，生活保護

▷5　社会福祉施設整備費や社会福祉事業の経費などを，国と地方自治体の経費負担区分に基づいて
　　国が地方自治体に対して支出する国庫負担金・補助金など。

費，児童福祉費，老人福祉費など生活保護の実施や福祉施設の整備・運営に必要な費用，施設職員の人件費や施設維持費などを含む社会福祉費などがあります。2021年度の民生費は31兆3,130億円で，前年度と比べて9.1％の増加で歳出総額の25.4％と，歳出決算額の中で最も大きな割合となっています。土木費や教育費は減少傾向であるのに対して，図4-4にあるように民生費は毎年増加傾向にあります。

4　社会福祉の費用負担

　日本の社会福祉は，国や地方自治体が徴収する租税を主な財源とする公費負担方式（租税方式）によって維持されてきました。介護保険制度のように保険方式による介護サービスを導入したのをきっかけに，社会福祉の財源調達の仕方は多様化してきています。ここでは，公費負担方式と社会保険方式，利用者負担，民間財源など社会福祉を支える財源について取り上げます。

1　公費負担方式（税方式）

　租税を財源として費用をまかなうことを，公費負担と呼んでいます。公費負担には，普通税によるもののほか目的税によるものがあります。普通税は国や地方自治体が使途を限定せずに一般経費に充てるために徴収する税で，法人税，所得税，住民税，消費税などがあります。目的税は特定の経費をまかなうために徴収する税で，自動車取得税，入湯税，都市計画税などがあります。社会保障と税の一体改革では，消費税率引き上げによる増収分を含む消費税収は，すべて社会保障財源に充てることとされています。

　公費負担方式（税方式）とは，生活に困窮する人や生活問題を抱えている人が生活を維持していくことができるように，生活保護のような現金給付や何らかの福祉サービスを提供する現物給付を行う時に，必要な費用の全額または一部を税を財源としてまかなうものです。

2 | 社会保険方式

　社会保険方式は，年金保険や医療保険，失業保険などのように加入者が支払う保険料によって財源をまかなう方式です。加入者である被保険者が支払う保険料のほかに，事業主（雇用者）負担や国庫負担などの公費負担を導入しているものもあります。公費負担の割合は個々の社会保険によって異なります。

　2000年4月に施行された介護保険制度は，それまで公費負担方式（税方式）で提供されてきた特別養護老人ホームなどの施設サービスやデイサービスなどの居宅介護サービスを，社会保険方式に転換しました。介護保険制度の財源は，公費負担と被保険者が支払う保険料によってまかなわれています。

3 | 利用者負担

　福祉サービスは無料ではなく，負担額は少額でも利用者負担があります。利用者負担には「応能負担」と「応益負担」という2つの考え方があります。応能負担とは，費用の負担は利用者が負担できる能力に応じて負担すべきであるという考え方です。利用者の負担能力の認定には，税制転用方式が用いられます。これは，利用者の前年度の納税額によって負担能力を算出する方式です。これに対して応益負担は，利用者が福祉サービスを利用したことによって受けた利益の程度に応じて費用を負担すべきであるという考え方です。

　これまで福祉サービスを利用した際の利用者負担は，利用者の負担能力に配慮した段階的な徴収基準を用いた応能負担がとられてきました。しかし，近年の社会福祉改革のもと，介護保険制度では自己負担分に応益負担主義が適用されています。

　なお2019年10月から，幼稚園，保育所，認定こども園などを利用する3歳から5歳までの子どもと0歳から2歳までの住民税非課税世帯の子どもを対象に，利用料の無償化が図られています。

　また障害者総合支援法では，利用者の所得状況に応じた負担軽減を図りつつ，原則的に定率の自己負担を求める「定率負担」という仕組みが採用されていま

す。

4 民間財源

　民間の財源としては，寄附者の自発的な協力に基づいて行われる共同募金があります。共同募金は都道府県の区域を単位として，毎年1回，厚生労働大臣の定める期間内に限って実施される寄附金の募集事業です。集められた寄附金は社会福祉事業，更生保護事業など社会福祉を目的とする事業を経営している者に配分することを原則としています。

　このほか，競馬・競輪・オートレース・モーターボートなどの公営競技の収益金も，社会福祉施設の設備，車両購入費の補助に充てられています。

本章のまとめ

　社会福祉は市町村を中心とした実施体制に転換するとともに，地域を基盤として地域住民や社会福祉関係者がお互いに協力して地域社会の福祉課題の解決に取り組む考え方に変わってきています。それとともに社会・経済状況の変動に応じた福祉財政の見直しが図られています。

■ **参考文献**

古川孝順『社会福祉原論』誠信書房，2003年。
山田勝美・艮香織（編）『新版 子ども家庭福祉』建帛社，2019年。
山縣文治・柏女霊峰（編集代表）『社会福祉用語辞典 第9版』ミネルヴァ書房，2013年。

第 5 章

社会福祉サービスの利用の仕組み

• • •

ポイント

1 社会福祉事業の範囲
2 社会福祉サービス利用手続きの仕組み
3 社会福祉サービス利用者を支える仕組み

1 社会福祉事業の範囲

　社会福祉事業の範囲（図5-1）には，「社会福祉事業」「社会福祉を目的とする事業」「社会福祉に関する活動」があります。

　社会福祉事業については，社会福祉法第2条で具体的に列挙して定めています。社会福祉事業は，第一種社会福祉事業と第二種社会福祉事業に分類されます（表5-1）。

　第一種社会福祉事業は，個人の人格の尊重という点から利用者保護の必要性

図5-1　社会福祉事業の範囲

出所：厚生労働省社会保障審議会福祉部会資料を一部改変。

49

表5−1　第一種社会福祉事業と第二種社会福祉事業

第一種社会福祉事業	・生活保護法に規定する救護施設，更生施設，授産施設，無料定額宿泊所 ・生計困難者に対して助葬を行う事業 ・児童福祉法に規定する乳児院，母子生活支援施設，児童養護施設，障害児入所施設，児童心理治療施設，児童自立支援施設 ・老人福祉法に規定する養護老人ホーム，特別養護老人ホーム又は軽費老人ホーム ・障害者総合支援法に規定する障害者支援施設 ・困難な問題を抱える女性への支援に関する法律に規定する女性自立支援施設 ・（生活保護法に基づかない）授産施設 ・生計困難者に対して無利子又は低利で資金を融通する事業 ・共同募金事業
第二種社会福祉事業	・生計困難者に対して，その住居で日常生活必需品・金銭を与え，または生活に関する相談に応ずる事業 ・生活困窮者自立支援法に規定する認定生活困窮者就労訓練事業 ・児童福祉法に規定する障害児通所支援事業，障害児相談支援事業，児童自立生活援助事業，放課後児童健全育成事業，子育て短期支援事業，乳児家庭全戸訪問事業，養育支援訪問事業，地域子育て支援拠点事業，一時預かり事業，小規模住居型児童養育事業，小規模保育事業，病児保育事業，子育て援助活動支援事業 ・児童福祉法に規定する助産施設，保育所，児童厚生施設，児童家庭支援センター ・児童の福祉の増進について相談に応ずる事業 ・認定こども園法に規定する幼保連携型認定こども園 ・民間あっせん機関による養子縁組のあっせんに係る児童の保護等に関する法律に規定する養子縁組あっせん事業 ・母子及び父子並びに寡婦福祉法に規定する母子家庭日常生活支援事業，父子家庭日常生活支援事業，寡婦日常生活支援事業 ・母子及び父子並びに寡婦福祉法に規定する母子・父子福祉センター，母子・父子休養ホーム ・老人福祉法に規定する老人居宅介護等事業，老人デイサービス事業，老人短期入所事業，小規模多機能型居宅介護事業，認知症対応型老人共同生活援助事業，複合サービス福祉事業 ・老人福祉法に規定する老人デイサービスセンター，老人短期入所施設，老人福祉センター，老人介護支援センター ・障害者総合支援法に規定する障害福祉サービス事業，一般相談支援事業，特定相談支援事業，移動支援事業 ・障害者総合支援法に規定する地域活動支援センター，福祉ホーム ・身体障害者福祉法に規定する身体障害者生活訓練等事業，手話通訳事業，介助犬訓練事業，聴導犬訓練事業 ・身体障害者福祉法に規定する身体障害者福祉センター，補装具製作施設，盲導犬訓練施設，視聴覚障害者情報提供施設 ・身体障害者の更生相談に応ずる事業 ・知的障害者福祉法に規定する知的障害者の更生相談に応ずる事業 ・生計困難者に無料または低額な料金で簡易住宅を貸し付け，または宿泊所などを利用させる事業

> ・生計困難者に無料または低額な料金で診療を行う事業
> ・生計困難者に無料または低額な費用で介護保険法に規定する介護老人保健施設または介護医療院を利用させる事業
> ・隣保事業
> ・福祉サービス利用援助事業
> ・社会福祉事業に関する連絡または助成を行う事業

が高く，その運営によって利用者への影響が大きい事業です。このため，原則として経営の主体は国や地方公共団体，社会福祉法人に限定されています。施設を設置・運営するには，都道府県知事などへの届出が必要で，その他の者が第一種社会福祉事業を経営する時は，都道府県知事などの許可が必要になります。

　第二種社会福祉事業は，第一種社会福祉事業と比べると利用者への影響が小さいため，公的規制の必要性が低い事業です。経営の主体に制限はなく，都道府県知事などに届出をすることで事業の経営が可能です。

　社会福祉を目的とする事業は，地域社会の一員として自立した日常生活を営むことを支援する事業です。事業の経営主体などに規制はなく，事業には社会福祉事業従事者の養成施設の経営や給食・入浴サービスなどがあります。

　社会福祉に関する活動には特に規制はなく，地域の個人や（NPO）団体によるボランティア活動などが含まれます。

２　社会福祉サービス利用手続きの仕組み

　福祉サービス利用方式は，第二次世界大戦後以来，措置方式を中心としていました。しかし近年，社会福祉基礎構造改革のもとで児童福祉法改正，介護保険法の制定，社会福祉事業法改正（現 社会福祉法）が行われ，契約的な要素をもつ利用方式が取り入れられるようになってきました。ここでは，措置方式，行政との契約方式，介護保険方式，総合支援方式，子ども・子育て支援方式について説明します。

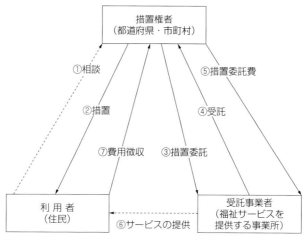

図5-2 行政による措置方式

出所：相澤讓治（編）『七訂 保育士をめざす人の社会福祉』みらい，2015年，
p.71.を一部改変。

1 │ 措置方式

　措置方式では図5-2のように，利用者に相談（①）を受けた措置権者であ
る地方自治体の実施機関は，利用者が利用の資格要件を充たしていれば提供す
るサービスの種類を選定して措置を実施します（②）。措置権者は福祉サービ
スを提供する事業所に措置委託を行います（③）。委託を受けた福祉サービス
提供所は受託（④）し，受託事業者として措置権者から措置委託費の支給
（⑤）を受け，利用者に対して福祉サービスの提供を行います（⑥）。この際
の利用者と受託事業者とは，福祉サービス提供を事業所に委託した措置権者を
通しての関係で，両者に明確な権利・義務関係はありません。措置権者は利用

▷1　社会福祉の対象となっている人に対して，社会福祉各法に基づいて行う施設の入所サービスや
　　在宅サービス，金品の給付・貸与などを措置権者が決定すること。
▷2　措置の権限をもつ都道府県や市町村などで，その権限は専門行政機関である児童相談所や福祉
　　事務所の長に委任することができる。
▷3　措置権者である都道府県や市町村が，社会福祉法人などが設置する社会福祉施設に入所などの
　　措置を委託すること。その際に必要な費用を措置委託費という。

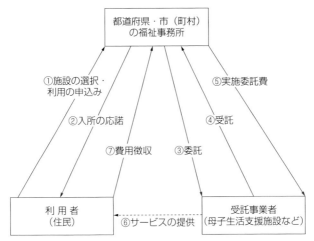

図 5 - 3　行政との契約方式

出所：相澤譲治（編）『七訂　保育士をめざす人の社会福祉』みらい，2015年，p. 72. を一部改変。

者から費用を徴収します（⑦）。

　この方式をとるのは乳児院，児童養護施設，児童心理治療施設，児童自立支援施設，養護老人ホームなどです。

2 ｜ 行政との契約方式

　1997年の児童福祉法改正で保育所の利用が申請権を行使し，行政と契約する方式に改められました（図 5 - 3）。また，2001年より助産施設・母子生活支援施設にもこの方式が取り入れられています。

　助産施設・母子生活支援施設の場合，利用者は入所を希望する施設を選択して，その利用について福祉事務所を設置している自治体（都道府県および市〔町村〕など）に申込み（①）を行います。この申込みは利用者の申請権の行使とされます。

　申込みを受けた福祉事務所が助産の実施または母子保護の実施の要件を満たしていると認定した場合（②），福祉事務所は施設（受託事業者）にサービスの提供を委託します（③）。

委託を受託（④）した施設は，受託事業者として福祉事務所から実施委託費の支給（⑤）を受けて，利用者にサービスを提供します（⑥）。この場合，措置方式と同じように，利用者と受託事業者との関係は，福祉事務所が利用の申込みを応諾してサービス提供を事業者が受託したことによって，間接的に成立します。利用者と施設（受託事業者）との間には，明確な権利・義務関係はありません。福祉事務所は利用者から費用を徴収します（⑦）。

なお，保育所については，2012年の子ども・子育て関連3法によって私立保育所を除く公立保育所，認定こども園などの就学前の教育・保育施設が，子ども・子育て支援方式に移行しています。私立保育所の保育料は，保護者が市町村に支払い（⑦），市町村は私立保育所の事業者に委託費を支払います（⑤）。

3 | 介護保険方式

2000年4月から実施された介護保険制度の介護サービスの利用方式です。社会保険方式を導入することで福祉サービス利用者の権利性を明確にし，サービス利用の際に利用者自らが選択したサービス提供者と直接契約を結ぶことで，福祉サービスを対等な立場で利用することができるという考え方です。

図5‐4にあるように，一定の年齢（40歳）に達した利用者は介護保険に加入して保険料を負担します（①）。介護サービスの利用を希望する利用者は，保険者である市町村に介護の要否と程度に関する認定の申請（②）を行います。

市町村は，要介護状態の程度を判定する基準に基づいて，介護の要否と程度の認定（③）を行います。利用者は認定された要介護度に応じて必要な介護サービスの利用申込み（④）を都道府県知事の指定・許可を受けた指定事業者に行い，利用できる介護サービスの内容などについて指定事業者の説明を受けて，契約を結びます（⑤）。指定事業者は，契約に基づいて介護サービスを提供します（⑥）。

利用者は介護サービスの提供を受けた指定事業者に，サービスごとに算定される自己負担分を支払います（⑦）。指定事業者は市町村に対して，介護サービス提供にかかった費用のうち，利用者の自己負担分を除いた費用の支払いを

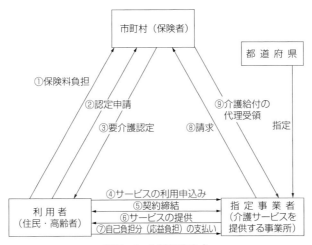

図 5 - 4　介護保険方式

出所：相澤譲治（編）『七訂　保育士をめざす人の社会福祉』みらい，2015年，
p. 73. を一部改変。

請求します（⑧）。市町村は介護給付の支給を行い，指定事業者はこれを代理
受領します（⑨）。

4 総合支援方式

　障害者福祉サービスの利用方式は，障害者総合支援法に基づきます。同法で
は，これまでの身体・知的・精神の障害に難病等による障害者を加えて，一元
化した福祉サービスを提供します。この他，児童福祉法の対象である障害児福
祉サービスについても，通所サービスで総合支援方式をとっています。

　図 5 - 5 にみられるように，利用者が直接福祉サービス提供者である指定事
業者に利用申込み（①）を行い，障害福祉サービスの利用を市町村に対して申
請します（②）。申請を受けた市町村は，利用者の障害支援区分の認定と支給
を決定します（③）。利用者から利用申込みを受けた指定事業者は，提供でき
る障害福祉サービスの内容などについて説明し，利用者と契約を結び（④），
障害福祉サービスを提供します（⑤）。

　利用者は指定事業者に算定された自己負担分を支払います（⑥）。指定事業

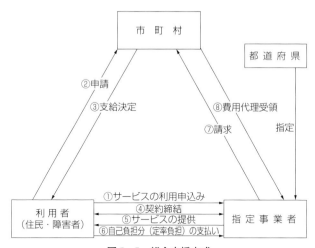

図 5 - 5　総合支援方式

出所：相澤譲治（編）『七訂　保育士をめざす人の社会福祉』みらい，2015年，
　　　　p.74.を一部改変。

者は，市町村に対して障害福祉サービス提供にかかった費用のうち利用者の自
己負担分を除いた費用の支払いを請求します（⑦）。市町村は利用者ごとに決
められた障害福祉サービスにかかった費用を支給し，指定事業者はこれを利用
者に代わって受領します（⑧）。

5 │ 子ども・子育て支援方式

　2012年の子ども・子育て関連 3 法の成立によって，就学前の教育・保育施設
に導入された利用手続きです。

　図 5 - 6 にあるように，子ども・子育て支援サービスを利用する場合，利用
者（この場合，保護者）は市町村に保育の必要性の認定の申請（①）を行います。
申請を受けた市町村は，保育の必要性の認定を行い認定証を交付します（②）。
利用者は，教育・保育施設を選択して保育利用希望の申込み（③）を市町村に
行います。利用者から申込みを受けた市町村は，教育・保育施設の利用状況等
に基づいて調整をして，利用可能な施設のあっせんや要請を含めて利用決定を
行います（④）。利用者は，選択した教育・保育施設の事業者と公的契約を結

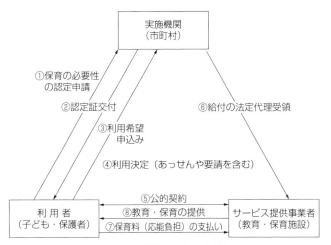

図 5 - 6　子ども・子育て支援方式

出所：相澤譲治（編）『七訂　保育士をめざす人の社会福祉』みらい，2015年，p. 75.
を一部改変。

びます（⑤）。保育料は，市町村から事業者に施設型給付又は地域型保育給付
として支払われます（法定代理受領）（⑥）。教育・保育事業者には，正当な理
由がある場合を除き応諾義務があります。利用者は，応能負担を基本とした保
育料を事業者に支払います（⑦）。これらの手続きを経て，保育の利用（⑧）
が開始されます。

　教育・保育施設には，施設給付型の認定こども園・公立保育所・幼稚園（一
部）と地域型保育の小規模保育・家庭的保育・居宅訪問型保育・事業所内保育
があります。なお，児童福祉法第24条の市町村に保育の実施義務があるという規
定から，私立保育所を利用する場合は，保護者と市町村との契約方式となります。

③　社会福祉サービス利用者を支える仕組み

1 ｜ 福祉サービス利用者の権利擁護・権利保障の仕組み

　児童福祉法改正や介護保険法の制定，社会福祉事業法改正（現　社会福祉法）

により，契約的な要素をもつ利用方式が取り入れられました。そして社会福祉サービス利用者には，福祉サービスの選択（選択権）と決定（自己決定権）が認められました。これに対応して，利用者の権利を擁護・保障するために利用者を支える仕組みがつくられました。それは，①福祉サービスを利用する際の権利擁護・権利保障の仕組み，②福祉サービスの利用を決定する時の権利擁護・権利保障の仕組み，③福祉サービスを利用している時の権利擁護・権利保障の仕組みです。

　福祉サービスを利用する際の権利擁護・権利保障の仕組みとは，情報提供や情報公開のことで，社会福祉サービス利用者が福祉サービスを選択する権利を認めた権利擁護・権利保障の基本となる制度です。利用者が福祉サービス事業者や福祉サービスのメニューから社会福祉サービスを選択するために，情報の提供・情報公開が求められています。たとえば，児童福祉法第21条の11では，市町村に子育て支援事業の利用に際して必要な情報の収集及び提供を義務づけています。そして，子育て支援事業の従事者には守秘義務が課されています。

　また，社会福祉法第75条では，事業者に対して，提供している福祉サービスについての情報を積極的に提供する責任と義務が課されています。さらに事業者は，利用希望者からの申し込みがあった場合は，提供している福祉サービスを利用するための契約の内容やその履行に関する事項について，十分に説明することが求められています（同 第76条）。

　福祉サービスの利用を決定する時の権利擁護・権利保障の仕組みには，民法の成年後見制度や社会福祉法の日常生活自立支援事業など，利用者のサービス選択を補助する制度があります。福祉サービス利用者の中には，福祉サービスへのアクセスや自己決定をする能力が十分でない状態にある人もいます。このような利用者の特性に対する配慮として，福祉サービスの利用を決定する時の利用者の権利擁護や権利保障を行う制度がつくられています。

　福祉サービスを利用している時の権利擁護・権利保障の仕組みには，苦情対応の制度があります。苦情対応の仕組みは福祉サービス事業者と都道府県の2段階で設置されています。基本的に苦情は福祉サービス利用者と提供者との間

で解決されるべきという考えから，福祉サービス事業所内に苦情対応の仕組み
が設置されています。苦情解決担当者や苦情解決責任者，それ以外の第三者委
員で構成されています。さらに福祉サービス事業所のほかに都道府県レベルで
福祉サービスの苦情に対応する運営適正化委員会が設置されています。

2 │ 福祉サービスの質の向上

　福祉サービスの質については，建物や生活環境などの設備面だけではなく，
サービスの内容や職員の資質，福祉サービス利用者の権利擁護・権利保障の仕
組みなどを含めた評価をする仕組みがあります。社会福祉の事業者などが，自
ら提供する福祉サービスに対する利用者の評価（苦情）を聞いて対応すること
は重要なことです。しかし，福祉サービス利用者による評価は，福祉サービス
に対する利用者の個別的，主観的な満足度によって評価されがちで，利用者に
よる評価とともに中立な第三者機関による質の評価が求められます。

　第三者評価は，福祉サービス事業者でも利用者でもない第三者による機関が，
事業者が提供する社会福祉サービスを評価してサービスの質の向上を図ること
を目的としています。福祉サービスの最低限の確保を目的とした行政機関によ
る監査制度に対して，第三者評価は福祉サービス事業者が自ら質の向上を図る
ことを支援する仕組みということもできます。また，第三者評価は，その情報
が公表されるので，結果として福祉サービス利用者の福祉サービス選択の材料
となります。

　社会福祉法第78条では，社会福祉事業の経営者が自ら提供する福祉サービス
の質の評価を行うことなどによって，福祉サービス利用者の立場に立った良質
かつ適切な福祉サービスを提供することを求めています。また，国には福祉サ
ービス事業者が質の向上を図るために，公正で適切な評価を実施する福祉サー

4　福祉サービス提供者（第一者），福祉サービス利用者（第二者）以外の人（第三者委員）が，
　利用者や地域住民からサービスに関する苦情を聞いて調整する制度。
5　社会福祉法第83条に規定されている。都道府県社会福祉協議会におかれ，福祉サービス利用者
　からの苦情に対応し，福祉サービス利用援助事業の適正な運営を確保する組織。

ビス第三者評価事業の普及や促進などの責務があります。

　この第三者評価は社会福祉事業の経営者が任意で受ける仕組みですが，社会的養護関係施設（児童養護施設，乳児院，児童心理治療施設，児童自立支援施設，母子生活支援施設）は，虐待を受けた子ども等が多く措置される施設や DV 被害を受けた母子が多く利用する施設であり，利用者の権利を保障するために施設運営の質の向上が特に求められることなどから，2012年度より第三者評価を受け，その結果を公表することが義務づけられています。

┌─ 本章のまとめ ─┐

　社会福祉サービスに契約による利用方式が導入されることによって，利用者の権利が認められるようになりました。それに合わせて，福祉サービス利用者の権利擁護・権利保障の仕組みが作られています。

■ 参考文献

古川孝順『社会福祉原論』誠信書房，2003年。

山田勝美・艮香織（編）『新版 子ども家庭福祉』建帛社，2019年。

山縣文治・柏女霊峰（編集代表）『社会福祉用語辞典 第9版』ミネルヴァ書房，2013年。

第 **6** 章

社会福祉の機関と施設

● ● ●

ポイント

1　社会福祉を支える行政機関とその役割
2　社会福祉を支える民間の機関とその役割
3　社会福祉を支える施設とその役割

1 社会福祉を支える機関

1 社会福祉を支える行政機関

　社会福祉行政には，生活問題を抱える人の相談を受けて問題解決のための支援を行う機関があります。相談は，それぞれの福祉行政機関の窓口で受けるほか，相談に来た人の家庭を訪問することもあります。

　社会福祉行政で相談援助を行う機関には，福祉事務所や児童相談所，身体障害者更生相談所，知的障害者更生相談所，女性相談支援センターなどがあります。

（1）福祉事務所（家庭児童相談室）

　福祉事務所は，社会福祉法第14条で社会福祉行政の第一線機関として位置づけられています。福祉事務所は社会福祉六法と呼ばれる生活保護法，児童福祉法，身体障害者福祉法，知的障害者福祉法，老人福祉法，母子及び父子並びに寡婦福祉法が定める援護，育成，更生に必要な手続き事務を担当しています。

　福祉事務所は社会福祉法で都道府県，市（政令指定都市の区，特別区を含む）に設置が義務づけられ，町村は任意設置となっています。福祉事務所には，福

祉事務所長，査察指導員，現業員，老人福祉指導主事，身体障害者福祉主事，知的障害者福祉主事，家庭児童福祉主事，家庭相談員などが配置されています。

　都道府県の福祉事務所（郡部福祉事務所）は，生活保護法，児童福祉法，母子及び父子並びに寡婦福祉法にかかわる事務と管轄下の町村の福祉行政の実情把握，助言・支援など連絡調整事務を担当しています。市町村の設置する福祉事務所（市部福祉事務所）は，社会福祉六法にかかわる福祉サービスの事務を担当しています。

　福祉事務所には，子ども家庭福祉の向上を図ることを目的に家庭児童相談室が設置され，家庭児童福祉主事と家庭相談員が福祉事務所で受け付ける子ども家庭福祉業務のうち，とくに専門的な技術を必要とする業務を担当しています。

（2）児童相談所
　児童相談所は，児童福祉法第12条で18歳未満の子どもと妊産婦に関する専門的な相談を受ける児童福祉行政の第一線機関として位置づけられ，都道府県と政令指定都市に設置義務があり，政令で定める市と特別区は設置することができます（設置した場合，児童相談所設置市と呼ばれます）。児童相談所には，所長，児童の福祉に関する相談・指導をする児童福祉司，心理判定を担当する児童心理司，健康などに関する指導をする医師または保健師，子ども虐待に対応する児童虐待対応協力員や一時保護所で子どもの生活や学習指導を行う児童指導員や保育士などの職員が配置されています。

　児童相談所では，相談・判定，一時保護，施設入所措置などを行っています。図6-1のように，子どもの養育や保護，育成などに関する問題について，家庭や学校，地域などからの相談に応じて，子どもやその家庭について必要な調査や社会診断，心理診断，医学診断，行動診断，その他の診断に基づいて判定を行い必要な指導をしています。

　このような相談・判定のほか，必要に応じて児童を一時的に保護する一時保護，判定に基づいて児童福祉施設への入所や里親に委託する措置があります。

62

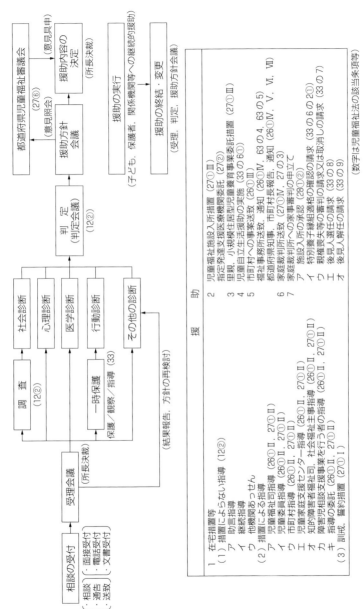

図6-1　児童相談所における相談援助活動の体系と展開

出所：こども家庭庁「児童相談所運営指針」（こども家庭庁 HP〔https://www.cfa.go.jp/assets/contents/node/basic_page/field_ref_resources/fdf48a-9194-457c-b228-1b7ed4847d58/7d8b162a/20230401_policies_jidougyakutai_hourei-tsuuchi-64.pdf, 2023年 8月28日閲覧〕)。

2004年の児童福祉法改正で，このように子ども家庭福祉についての役割が児童相談所に集中していた体制を改めて，市町村と役割分担して連携を図ることとなりました。市町村を児童相談に関する第一義的窓口とし，児童相談所は市町村に情報などを提供し，専門的知識および技術を必要とする相談に対応することとなりました。これにより児童相談所はこれまでの相談・判定，一時保護，措置に加え，新たに市町村への情報の提供など市町村への援助を付加し，4つの基本的な機能をもつこととなりました。

　このほか，近年は子ども虐待に関する相談が増えたことで，親権者の親権喪失等の審判の請求又は取消しの請求や，後見人の選任および解任の請求を家庭裁判所に対して行っています。

（3）身体障害者更生相談所

　身体障害者更生相談所は，身体障害者福祉法第11条に規定されています。都道府県には，身体障害者更生相談所を設置する義務があります。身体障害者更生相談所では，市町村が行う身体障害に関する本人や家族からの相談援助業務の支援や身体障害に関して医学的・心理学的な判定や指導などを行います。

　職員には，身体障害者福祉司のほか，医師や看護師，心理判定員，作業療法士，理学療法士などが配置されています。

（4）知的障害者更生相談所

　知的障害者更生相談所は，知的障害者福祉法第12条に規定されています。都道府県には，知的障害者更生相談所を設置する義務があります。知的障害者更生相談所では，知的障害者本人や家族から受ける相談援助や医学的・心理学的な判定や指導などを行います。職員には，知的障害者福祉司のほか，医師や看護師，心理判定員，職能判定員などが配置されています。

（5）女性相談支援センター

　女性相談支援センターは，2022年に成立した困難な問題を抱える女性への支

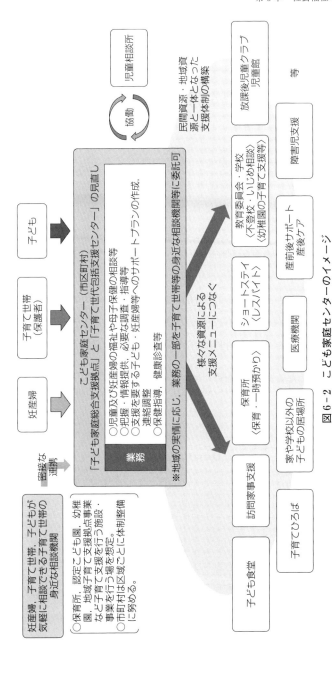

図6-2　こども家庭センターのイメージ

出所：こども家庭庁支援局虐待防止対策課「こども家庭センターについて」2023年。

援に関する法律第9条に規定され，都道府県に設置されています。生活困窮，性暴力・性犯罪被害，家庭関係破綻など困難な問題を抱える女性からの相談を受け，緊急時の安全確保や一時保護，医学的または心理学的な援助，関係機関と連携して社会福祉施設の利用支援，就労支援などを行います。

（6）こども家庭センター

こども家庭センター（図6-2）は，2022年の児童福祉法改正で市区町村にこれまで設置してきた子ども家庭総合支援拠点（児童福祉法）と子育て世代包括支援センター（母子保健法）の組織体系を見直し，市町村に努力義務として設置されたものです。妊娠期から子育て期にわたるまでの切れ目のない支援をワンストップで行う拠点機能を維持して，すべての妊産婦，子育て世帯，子どもと家庭への総合的相談や支援を一体的に行います。

この相談機関では，児童および妊産婦に関する実情の把握，情報の提供，妊娠の届出から妊産婦支援，子育てや子どもに関する相談を受けて支援につなぐためのマネジメント（サポートプランの作成）等を担います。

2 | 社会福祉を支える民間の機関

第二次世界大戦後の日本の社会福祉は，公的責任に基づいて国や地方自治体を中心に運営されてきました。しかし，社会福祉の実施には公的機関だけではなく，社会福祉協議会や民生委員児童委員，共同募金会などの民間の機関も大きな役割を果たしています。ここでは，社会福祉協議会，民生委員児童委員，共同募金会について説明します。

（1）社会福祉協議会

社会福祉協議会は，社会福祉法で地域福祉の推進役として位置づけられている民間の組織です。地域で社会福祉事業者や社会福祉活動を行っている住民などと協働して，地域の福祉問題や生活問題の解決にあたり，地域住民の福祉の増進を図ることを目的としています。

　社会福祉協議会は全国社会福祉協議会が中央機関として設置されているほか，全国の都道府県，市区町村の段階で設置されています。

　全国社会福祉協議会は，調査研究や国と都道府県社会福祉協議会との連絡・調整や活動支援などを行っています。

　都道府県社会福祉協議会は，市区町村社会福祉協議会の連絡調整のほか，日常生活自立支援事業，福祉サービスに関する苦情解決事業などを行っています。

　市区町村社会福祉協議会は，高齢者や障害者の在宅生活を支援するホームヘルプサービスやデイサービスなど直接地域住民に福祉サービスを提供するほか，ボランティア活動や福祉教育の支援，ふれあい・いきいきサロンなど地域住民に活動の場の提供などを行っています。

（2）民生委員児童委員

　民生委員は，民生委員法に規定された市町村の区域に置かれる民間のボランティアです。地域住民の生活状況を把握し，援助を必要としている人の生活に関する相談に応じ，福祉事務所や社会福祉施設の業務に協力しています。また，低所得者を対象として生活福祉資金貸付制度の窓口にもなっています。民生委員の任期は3年で，行政の協力機関と位置づけられ，都道府県知事の推薦で厚生労働大臣が委嘱します。

　児童委員は，児童福祉法に基づいて民生委員が兼務し，地域の児童や妊産婦の生活状況を把握し，保護，保健，その他の福祉に関して援助・指導を行い，児童相談所や福祉事務所の業務に協力しています。このほか2001年の児童福祉法改正で，子ども家庭福祉を専門的に担当して児童委員を援助し，連携・協力する主任児童委員が法定化されています。

（3）共同募金会

　共同募金会は共同募金の活動を進めている組織で，各都道府県に設置されています。共同募金は社会福祉法で規定された事業で，都道府県の区域で毎年1回，厚生労働大臣の定める期間に実施される寄附金を募集する事業です。共同

表6-1　社会福祉施設の種類

保護施設	救護施設，更生施設，医療保護施設，授産施設，宿所提供施設
児童福祉施設	助産施設，乳児院，母子生活支援施設，保育所，児童厚生施設，児童養護施設，障害児入所施設，児童発達支援センター，児童心理治療施設，児童自立支援施設，児童家庭支援センター，里親支援センター
母子・父子福祉施設	母子・父子福祉センター，母子・父子休養ホーム
障害者福祉施設	障害者支援施設，地域活動支援センター，福祉ホーム，身体障害者社会参加支援施設
老人福祉施設	老人デイサービスセンター，老人短期入所施設，養護老人ホーム，特別養護老人ホーム，軽費老人ホーム，老人福祉センター，老人介護支援センター
女性支援施設	女性自立支援施設
その他の社会福祉施設	授産施設（社会福祉法），無料低額宿泊所（社会福祉法），隣保館，日常生活支援住居施設

出所：筆者作成。

募金事業は第一種社会福祉事業で，社会福祉法人である共同募金会以外はこの
事業を行うことはできません。集められた寄附金は区域内の社会福祉事業や更
生保護事業など社会福祉を目的とした事業を経営している者に配分されます。

② 社会福祉を支える施設

　社会福祉施設の種類は，①生活保護法に規定される保護施設，②児童福祉法
に規定される児童福祉施設，③母子及び父子並びに寡婦福祉法に規定される母
子・父子福祉施設，④障害者総合支援法に規定される障害者支援施設，⑤老人
福祉法に規定される老人福祉施設，⑥困難な問題を抱える女性への支援に関す
る法律に規定される女性自立支援施設，⑦その他の社会福祉施設に分けられま
す（表6-1）。

　施設の利用形態からは，入居施設，通所施設，地域利用施設に分類できます。

▷1　社会福祉事業を行うことを目的として社会福祉法に定められている法人。社会福祉事業の公共
　　性から公益社団法人などと比較してその設立運営に厳格な規制が定められている。

表 6 - 2　社会福祉施設数の年次推移

各年10月 1 日現在

施設の種類	1995年	2000年	2005年	2010年	2015年	2020年	2021年
総　数	58,786	75,875	94,612	50,343	66,213	80,723	82,611
保護施設	340	296	298	297	292	289	288
老人福祉施設	12,904	28,643	43,285	4,858	5,327	5,228	5,192
障害者支援施設等[1]	—	—	—	3,764	5,874	5,556	5,530
身体障害者更生援護施設[2]	1,321	1,766	2,294	498	—	—	—
知的障害者援護施設[2]	2,332	3,002	4,525	2,001	—	—	—
精神障害者社会復帰施設[2]	233	521	1,687	504	—	—	—
身体障害者社会参加支援施設	—	716	822	337	322	316	315
婦人保護施設	52	50	50	47	47	47	47
児童福祉施設	33,231	33,089	33,545	31,623	37,139	45,722	46,560
（再掲）保育所[3]	22,488	22,199	22,624	21,681	25,580	29,474	29,995
母子・父子福祉施設[4]	92	90	80	63	58	56	57
その他の社会福祉施設等	8,281	8,418	8,848	6,351	17,154	23,509	24,622

注 :（1）　2010年は，障害者自立支援法による障害者支援施設等である「障害者支援施設」「地域活動支援セ
　　　　　ンター」「福祉ホーム」をいう。
　　（2）　身体障害者福祉法，知的障害者福祉法，精神保健福祉法の施設で，2011年からは障害者支援施設に
　　　　　移行。
　　（3）　保育所等は，幼保連携型認定こども園，保育所型認定こども園及び保育所である。
　　（4）　母子・父子福祉施設は，2014年の母子及び父子並びに寡婦福祉法の改正より，母子福祉施設に父子
　　　　　が加わった。
出所 : 厚生労働省統計情報部「社会福祉施設等調査　各年版」を一部改変。

　入居施設は施設を生活の場とする形態で，救護施設，児童養護施設，障害者支
援施設，特別養護老人ホームなどがあります。通所施設は，生活の場が施設外
にあって社会福祉制度の要件を満たした利用者が利用する施設で，保育所や各
種のデイサービスセンターなどがあります。地域利用施設は通所施設と同様に，
生活の場が施設外にあって社会福祉制度で利用者が特定されない施設で，児童
館や児童遊園などがあります。
　表 6 - 2 の社会福祉施設の推移によると，約 8 万施設のうち，児童福祉施設
が 4 万6,560施設（2021年）で最も多く，そのうち保育所が 2 万9,995施設で施
設全体の約 3 分の 1 を占めています。

表6-3　主な施設の種類別に見た定員・在所者数・在所率の推移

各年10月1日現在

施設種別	項　目	1995年	2000年	2005年	2010年	2015年	2020年	2021年
保護施設	定員(人)[1]	21,780	19,881	20,637	20,563	19,488	19,108	18,887
	在所者数(人)	21,217	19,891	19,935	19,982	19,112	18,216	17,813
	在所率(%)[2]	97.4	100.1	96.6	97.2	98.1	95.4	94.4
老人福祉施設	定員(人)[1]	316,420	481,607	611,208	148,132	152,990	158,379	157,262
	在所者数(人)	307,912	416,176	517,088	139,592	141,033	144,390	142,021
	在所率(%)[2]	97.3	97.4	97.1	94.2	92.3	91.4	90.5
障害者支援施設等[3]	定員(人)[1]	—	—	—	—	180,159	187,939	187,753
	在所者数(人)	—	—	—	—	150,006	151,215	151,126
	在所率(%)[2]	—	—	—	—	94.6	92.7	92.2
身体障害者更生援護施設[4]	定員(人)[1]	45,509	52,780	62,308	60,380	—	—	—
	在所者数(人)	41,484	48,905	57,507	56,319	—	—	—
	在所率(%)[2]	92.5	93.8	93.1	93.3	—	—	—
知的障害者援護施設[4]	定員(人)[1]	123,022	153,885	195,395	188,484	—	—	—
	在所者数(人)	120,025	150,873	188,646	182,649	—	—	—
	在所率(%)[2]	97.6	98.0	96.5	96.9	—	—	—
精神障害者社会復帰施設[4]	定員(人)[1]	4,286	10,200	24,293	21,670	—	—	—
	在所者数(人)	3,259	8,640	23,899	20,977	—	—	—
	在所率(%)[2]	76.0	84.7	98.4	96.8	—	—	—
婦人保護施設	定員(人)[1]	1,744	1,578	1,455	1,490	1,270	1,329	1,245
	在所者数(人)	771	722	669	639	374	296	257
	在所率(%)[2]	44.2	45.8	46.0	42.9	34.8	28.3	25.1
児童福祉施設[5]	定員(人)[1]	2,014,497	2,013,356	2,147,767	2,115,717	2,457,146	3,058,717	3,112,984
	在所者数(人)	1,749,142	1,976,976	2,191,996	2,164,040	2,388,023	2,807,519	2,834,592
	在所率(%)[2]	86.8	98.2	85.1	102.3	97.3	92.1	91.4
(再掲) 保育所[6]	定員(人)[1]	1,922,835	1,925,641	2,060,938	2,029,201	2,351,796	2,858,117	2,904,353
	在所者数(人)	1,678,866	1,904,067	2,118,079	2,090,374	2,295,346	2,624,335	2,643,196
	在所率(%)[2]	87.3	98.9	102.8	103	97.7	92.1	91.3
計	定員(人)[1]	2,527,258	2,733,287	3,063,063	2,681,380	3,189,673	3,425,472	3,478,131
	在所者数(人)	2,243,810	2,622,183	2,999,740	2,666,807	3,008,594	3,121,636	3,145,809
	在所率(%)[2]	88.8	95.9	97.9	99.5	99.5	91.0	95.2

注：(1)　定員，在所者数には，保護施設の医療保護施設，児童福祉施設の助産施設及び母子生活支援施設を含まない。
　　(2)　在所率＝在所者数÷定員×100（在所率の計算は在所者数について調査を行っていない地域活動支援センター，障害者更生しりり，自人ホームを除く。）ただし，在所者数不詳の施設を除いた定員数で計算。
　　(3)　身体障害者福祉法，知的障害者福祉法，精神保健福祉法の施設で，2011年度からは障害者支援施設に移行。
　　(4)　障害者支援施設等のうち障害者支援施設の定員は入所者分のみで，在所者数は入所者数と通所者数の合計。
　　　　在所率は在所者数のうち通所者数を除いて計算。
　　(5)　総数，児童福祉施設等の定員及び在所者数には母子生活支援施設を含まない。
　　(6)　保育所等は，幼保連携型認定こども園，保育所型認定こども園及び保育所である。
出所：厚生労働省統計情報部「社会福祉施設等調査 各年版」を一部改変。

　社会福祉施設の利用状況は，表6-3のとおりです。これによると，定員約350万人（2021年）に対して在所者数は300万人強で在所率は90.4％となっています。ほとんどの施設が在所率90％を超えています。とりわけ保育所では，共働き家庭や核家族の増加など保育ニーズの高まりがあります。

　なお，これら社会福祉施設の設置・運営は，これまで国，地方自治体，社会福祉法人が中心でしたが，規制緩和が進み，NPO（民間非営利組織）法人・団体，医療法人や生活協同組合，民間企業など，社会福祉施設の設置・運営主体は多元化・多様化してきています。

本章のまとめ

　社会福祉には，児童相談所などの行政機関だけではなく，実際に社会福祉サービスを提供する施設があります。これまで，設置・運営主体は国，地方自治体，社会福祉法人が中心でしたが，近年は多元化・多様化してきています。

■ **参考文献** ───────────

古川孝順『社会福祉原論』誠信書房，2003年。

山田勝美・艮香織（編）『新版 子ども家庭福祉』建帛社，2019年。

山縣文治・柏女霊峰（編集代表）『社会福祉用語辞典 第9版』ミネルヴァ書房，2013年。

第7章

社会保障

● ● ●

ポイント

1 社会保障の３分野（社会保険・公的扶助・社会福祉サービス）
2 さまざまな所得低下を防ぐ年金の仕組み
3 職業ごとにさまざまな制度がある医療保険の仕組み

① 私たちの生活を守る社会保障

　私たちは人生の中で生活に不安を抱えることが少なくありません。年をとった時，失業してしまった時，大きな病気やケガをしてしまった時，私たちの生活は脅かされることになります。社会保障とは，私たちがさまざまな生活不安に直面した時に最低限度の生活水準を保障するよう，現金やサービスなどの給付を行うさまざまな制度や仕組みのことです。

　社会保障の仕組みには多くの種類があり，分類の仕方もさまざまですが，一般的には，社会保険，公的扶助，社会福祉サービスの３つに分類することができます（図7-1）。

　まずはじめに，社会保険と呼ばれる仕組みがあります。年をとったり（老齢），体が不自由になったり（障害），病気やケガをする，といったさまざまな問題（保険事故）に対して，事前に多くの国民から保険料を集めておき，実際に国民一人ひとりにその保険事故が発生した時に，その保険料をもとにして，現金やサービスを給付する仕組みです。最近は，保険料だけでは生活費等が不足し，たくさんの税金も組み合わせて使うようになっています。表7-1のように分野別に５つに分類することができます。

　次に公的扶助と呼ばれる仕組みがあります。経済的に生活が苦しい人に，税

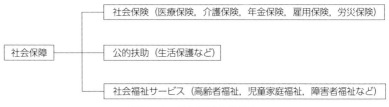

図 7-1　社会保障の仕組み

注：このほか，労働・雇用政策，公衆衛生，住宅政策，戦争犠牲者援護などを社会保障に含める場合もある。
出所：筆者作成。

表 7-1　社会保険の 5 つの分野

医療保険	病気になったり，ケガをした時に，医療サービスの提供を受けたり，現金を受け取ることができる。健康保険や国民健康保険などの制度がある。
介護保険	介護が必要になった時に，介護サービスの提供を受け取ることができる。
年金保険	年をとったり，障害を負ったり，家計を支える人が亡くなった時に，現金を受け取ることができる。
雇用保険	失業した場合に，一定の期間，現金を受け取ることができる。
労働者災害補償保険	働いている時や通勤中に病気やケガを負った場合に医療サービスの提供や現金を受け取ることができる。

出所：筆者作成。

金をもとにして現金を提供し，その人の経済的自立を助ける制度です。生活保護がその代表です。社会保険と違って，公的扶助は事前に保険料を払う必要はありません。

　最後に，社会福祉サービスといわれる仕組みがあります。税金をもとにして，さまざまなニーズを抱えている人々になされる相談援助，施設や在宅のサービスなどを指します。高齢者福祉（特別養護老人ホームなど），子ども家庭福祉（保育所など），障害者福祉（障害者の就労支援や生活介護など）の在宅，施設サービス，相談援助などを指します。

　これらすべてが社会保障の範囲に分類できるわけですが，ここでは社会保険

の中の年金保険と医療保険について見ていくことにしましょう。公的扶助については、第8章で説明しています。社会福祉サービスのうち、子ども家庭福祉は第9章、高齢者福祉は第10章、障害者福祉は第11章で説明しています。

② 年金制度の仕組み

1 職業によって変わる制度

　年金制度は、年をとったり、障害を負ったり、家計を支える人が亡くなった時に、現金を受け取ることができる仕組みです。年金制度は強制加入であり（皆年金制度）、老齢や障害などさまざまな問題が発生した時に急激に生活が苦しくならないように、事前に予防しているわけです（図7-2）。

　制度に加入した人は被保険者といわれます。日本の年金制度は、国民年金という制度を土台にして、職業ごとに被保険者の分類が行われ、加入する制度が異なるように設計されています。大まかに分類すると、第1号被保険者は自営業者、第2号被保険者は民間企業の会社員、国や県庁・市役所に勤める公務員、第3号被保険者は専業主婦（主夫）になります（図7-3）。

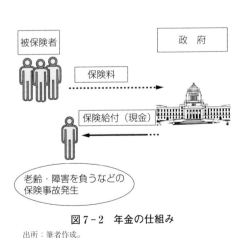

図7-2　年金の仕組み
出所：筆者作成。

図7-3　職業と年金
出所：筆者作成。

図7-4 公的年金の体系

出所：筆者作成。

　第1号被保険者と第3号被保険者は国民年金という制度にのみ加入します。第2号被保険者は国民年金に加えて厚生年金に加入します。実際には，たとえば，大学生の時は第1号被保険者で，卒業後就職して第2号被保険者になり，結婚して専業主婦となったため第3号被保険者になった，というようにライフステージとともに被保険者の種別も変化する場合が多いでしょう。それぞれの期間に支払った金額が，もらう金額に反映されることになります。

　制度の体系を整理すると，図7-4のようになります。

　日本国民の大部分が加入する国民年金を1階部分として，それに上乗せする形で厚生年金の制度（2階部分）が作られています。人によっては，さらに国民年金基金や確定拠出年金などに加入する人もいます。

2 いくら支払って　いくらもらえるのか

　では，このような年金制度のもとでいくらの保険料を支払って，いくらの保険給付を受け取ることができるのでしょうか。

　まず支払う保険料についてです。支払う保険料も被保険者によって異なります。国民年金のみに加入する第1号被保険者と第3号被保険者の場合を見てみましょう。第1号被保険者の場合，2023年度では月額1万6,520円を個人で直接納付しています。20歳になって，国民年金に加入するようになると自宅に納付書が郵送されてきます。その納付書を使って（ネット）銀行やコンビニエン

表7-2　年金保険料と保険給付の概要（2023年4月の段階）

	保険料	保険給付（老齢年金）
1号	月16,520円	満額 年795,000円（月66,250円）[1] （40年間保険料納付の場合）
3号	負担なし	満額 年795,000円（月66,250円）[1]
2号	月給・ボーナスの約18% （ただし労使折半。半分だけ本人負担）	給料，勤務年数などによって変化 （勤続40年のサラリーマンだと，月20万円を超える人もいます。）

注：(1)　新規裁定者の場合
出所：中尾幸村・中尾孝子『図解わかる年金』新星出版社，2014年，p.94.を一部改変。

ススストアで支払います。第1号被保険者のうち，保険料の負担が難しい人に対しては，保険料の全額免除や半額免除などがありますし，2000年には学生納付特例制度が設けられ，一定所得以下の学生は保険料支払が猶予されて10年以内に追納できる仕組みになっています。

　一方，専業主婦を中心とする第3号被保険者は本人が保険料を実質的に負担しません。収入が少ない専業主婦から保険料を徴収することが難しいというのがその理由ですが，特に会社などで働いている女性（第2号被保険者の女性）との関係で不公平だという意見もあります。

　第1号被保険者が決められた金額を個人で直接支払うのに対して，第2号被保険者は，勤務先の給料やボーナスの金額に応じて，給料からの天引き（給料をもらった時にすでに引かれている）という形で保険料を支払っています。2023年4月の時点では，月給とボーナスの約18%にあたる金額が保険料として徴収されています。この約18%のうち，半分は本人，半分は会社が負担します（労使折半）。

　では，保険給付としてどれくらいの年金をもらうことができるのでしょうか。老齢年金でおおよその金額をみてみることにしましょう（表7-2）。

　国民年金のみに加入する第1号・第3号被保険者は，原則として，資格期間が10年以上ある者が65歳に達した時に老齢基礎年金が支給されます。第1号被

保険者の場合，保険料を納付した期間に加え，免除を受けた期間が資格期間となります。20歳から60歳になるまでの期間（40年：480か月），保険料を全額納付していれば，満額（2023年度においては年間79万5,000円）が支給されます。保険料を払わなかったり，免除を受けたりした期間がある人は，支給される金額が減ることになります。第3号被保険者は，第3号被保険者である期間は保険料を支払ったとみなされます。仮に40年間，第3号被保険者であれば満額が支給されます。

　国民年金に加え厚生年金にも加入する第2号被保険者は，老齢基礎年金の受給資格を満たせば，原則として65歳から，国民年金の給付（基礎年金部分）に加え，厚生年金部分（報酬比例部分）の給付を受けることができます。第1号や第3号被保険者と違って，第2号被保険者のもらう金額は一定ではありません。その人が会社などに勤めていた年数や給料の金額などによってさまざまに異なります。前述のように，ライフステージとともに被保険者の種別は変化し，それぞれの期間に支払った金額が受給する金額に反映されます。

3 ｜ 年金制度の課題

　年金制度は，私たちの所得低下を防ぐために大きな役割を果たしてきました。しかし，最近，制度に対してさまざまな不満や不信も高まっています。年金制度について，いくつか問題点を挙げておきましょう。

　まず第1に，財政悪化の問題です。高齢者の受給する年金は，現役世代の保険料によって負担されています。少子高齢化が進み高齢者の割合が大きくなると，年金の財源が不足したり現役世代の負担が増加したりします。今後，制度を安定的に運営できるかが大きな課題になっています。

　第2に，空洞化の問題が挙げられます。とくに若年層の間で，国民年金の保険料を支払わない人が増えているという問題です。保険料を支払わない若い人が増えると，制度が適切に続けられなくなってしまうかもしれません。さらに支払わない人は，高齢になった時に年金が受給できず，生活が苦しくなるかもしれません。

第3に，世代や職業による格差の問題があります。支払う保険料と受給する給付額の割合が，現在の高齢者と若年層の間で差があるという「世代間格差」や，専業主婦だけが保険料を負担しないのは不公平だといった「世代内格差」も議論されています。

第4に，徴収された年金保険料を政府が適正に管理・運用していないという「資金・積立金管理への不信」の問題もあります。

③　医療保険の仕組み

1│医療保険も職業によって異なる

次に医療保険についてみてみましょう。保険証をもって病院に行った時に窓口でお金を支払いますが，それは医療費の一部にしかすぎません。実際の医療サービスはもっと高額なのですが，大部分は事前に集められた保険料から診療報酬という形で，医療保険から病院に支払われているのです（図7-5）。つまり，医療保険は私たち国民が病気になったり，ケガをしてしまった時に，大きな出費がかかり，生活が苦しくなることを事前に防いでいるわけです。

医療保険にもさまざまな制度があり，職業によって加入する制度が異なります（表7-3）。具体的には，健康保険，国民健康保険のほか各種共済などがあります。

民間企業の従業員が加入する医療保険が健康保険です。運営している機関の違いに応じて，組合管掌健康保険と「協会けんぽ」（旧・政府管掌健康保険）に分かれます。組合管掌健康保険は，会社などが設立する健康保険組合が運営を行うもので，結果的に組合を設置している大企業の従業員が対象となる傾向があります。協会けんぽは事業主ではなく，全国健康保険協会がその運営を行います。

農林漁業，商工業の自営業者は，国民健康保険に加入します。市町村（特別区を含む）が運営する国民健康保険に加入する場合と，医師・理容美容業など

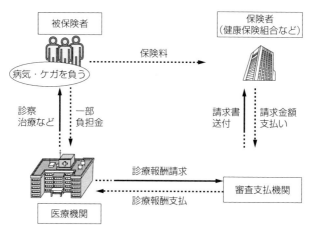

図7-5　医療保険の仕組み

出所：厚生労働省（編）『厚生労働白書 平成21年版』ぎょうせい，2009年，資料編，p. 33. より筆者作成。

表7-3　職業によって異なる医療保険制度

制度名		対象（被保険者）	保険者
健康保険	協会けんぽ	中小企業の従業員	全国健康保険協会
	組合管掌	大企業の従業員	健康保険組合
船員保険		船舶所有者に使用されている者	全国健康保険協会
各種共済		国家公務員	共済組合
		地方公務員	共済組合
		私立学校教職員	日本私立学校振興・共済事業団
国民健康保険		農業従事者・自営業者など	市町村
			国民健康保険組合
後期高齢者医療制度		75歳以上の高齢者など	後期高齢者医療広域連合

出所：厚生労働省（編）『厚生労働白書 令和5年版』日経印刷，2023年，資料編，p. 27. より筆者作成。

の同業者が設立する国民健康保険組合に加入する場合があります。

　年金と同じく共済組合に加入するのは公務員です。国家公務員，地方公務員を対象としてさまざまな組合が存在しています。また私立学校教職員には私立学校教職員共済という独自の制度が設けられています。

2 ｜ 医療保険の保険料と保険給付

　医療保険においても，それぞれの制度の中で決まった保険料を支払うことになります。健康保険の場合，月給とボーナスにあらかじめ定められた保険料率を掛けて決定しています。保険料率は協会けんぽの場合は，都道府県ごとに10％前後で設定されています。組合管掌の場合は，各健康保険組合によって異なります。

　国民健康保険では，加入世帯ごとに，①所得割（世帯の所得），②資産割（世帯の資産），③被保険者均等割（世帯の人数），④世帯別平等割（世帯に対する一律の額）の4つの基準で世帯主の負担を決めています。

　このように事前に保険料を支払うことにより，病気になったり，ケガをしたりした時，実際の費用より安い金額で診察や治療といった医療サービスを受けることができるのです。医療保険を扱っている病院・診療所に被保険者証を提示すれば，診察・治療・薬の支給・入院などの必要な医療サービスを受けられます。窓口で支払う自己負担は，表7-4のように年齢によって異なりますが，義務教育就学後から70歳未満の人は，自己負担は3割となり，残りの7割は保険から支払われることになります。

　このほか，訪問看護療養費（訪問看護ステーションから派遣された看護師などにより，療養上の世話その他の必要な診療上の補助を受けることができる），保険外併用療養費（特別な医療に関しては患者自己負担とし，入院費など基本的な費用を保険から払う），高額療養費（自己負担が一定限度を超えた場合に保険から払い戻す）などの給付があります。

　またこれら以外に，傷病手当金（病気・ケガの療養のために，仕事を休んで給与をもらえない時に支給される），出産手当金（被保険者本人が出産で欠勤した時

表 7-4　医療保険の自己負担

年　齢	負担割合
義務教育就学前	2 割
義務教育就学後から70歳未満	3 割
70歳以上75歳未満	2 割
（現役並み所得者）	（3 割）
後期高齢者医療制度	1 割
（一定以上所得者）	（2 割）
（現役並み所得者）	（3 割）

注：地方自治体により，子どもなどを対象としたさまざ
　　まな医療費助成が行われています。
出所：厚生労働省（編）『厚生労働白書 令和 5 年版』日
　　経印刷，2023年，資料編，p. 27. より筆者一部修正。

に支給される），出産育児一時金・家族出産育児一時金（被保険者本人や家族が出産をした時に支給される）などの給付もあります。

　国民健康保険も健康保険とほぼ同じ給付を受けることができますが，健康保険で支給される傷病手当金や出産手当金などは，国民健康保険では任意の給付となっており支給されないことがあります。

本章のまとめ

　職業ごとに年金や医療の社会保障の制度が作られてきたことがわかります。しかし，国民年金や国民健康保険への保険料を支払えないため，十分な給付を受けられない人も出ています。今後，国民の間で，制度のあり方，負担と給付の議論が活発に行われる必要があるでしょう。

第 8 章

低所得者福祉

ポイント

1 生活保護の役割
2 生活保護の仕組み
3 母子世帯と児童扶養手当

1 所得保障と生活保護

1 生活保護の役割

　第二次世界大戦後のイギリスの福祉国家建設に大きな役割を果たしたウィリアム・ベヴァリッジ（経済学者・政治家）という人がいます。ベヴァリッジによると，人間を不幸にする5つのものがあります。貧困（お金がないこと），疾病（病気にかかること），不潔（衛生状態が悪いこと），無知（教育が受けられないこと），怠惰（働きたくても働けないこと），の5つです。政府はこれらの不幸を取り除いて，人々の暮らしを守るためにさまざまな制度を作っていかなければならないことになります。

　これら5つの不幸の中でも，特に，貧困（お金がないこと）が大きな問題でしょう。お金がないがゆえに，疾病や無知などの他の不幸をより一層ひどいものにしてしまうともいえるでしょう。貧困の状態に陥りやすい低所得者の人に対してさまざまな生活の保障をしていくことは，福祉の大きな役割なのです。

　低所得者に対して行われる所得保障の仕組みとして公的扶助を挙げることができます。この公的扶助は，経済的に生活が苦しい人に対して，税金だけを使って現金を提供する仕組みです。ほかに，公的年金なども所得保障の仕組みで

すが，年金が国民一人ひとりから保険料を集めるのに対して，公的扶助は保険料を集めないのが特徴です。

日本の場合，この公的扶助の代表は生活保護制度です。1950年に生活保護法が制定され，所得保障の中心となっています。

生活保護の業務は，福祉事務所と呼ばれる行政機関が取り扱っています。福祉事務所は，市には必ず設置されています。町村は任意設置ですが，実際にはほとんど設置されておらず，都道府県の福祉事務所が対応します。生活保護を受ける時は，緊急の場合を除いて福祉事務所に申請することが原則です。

2 | 生活保護の原理

生活保護制度の根本的な考えについて，みておくことにしましょう。生活保護制度には，3つの基本的な原理があります（国家責任の原理を含めて4原理といわれることもあります）。

第1は，無差別平等の原理です。すべての国民が，法律の定める条件を満たしている限りは無差別平等に保護を受けることができなければならないことを意味しています。

第2は，最低生活保障の原理です。国の財政状況や，地域による経済状況の格差などに左右されることなく，最低限度の「健康で文化的な生活」が保障されなければならないことを意味しています。

第3は，保護の補足性の原理です。ある人が保護を受けようとする時は，保護を受ける前に，その人のもっている資産などを十分に活用しなければならない，ということを意味しています。この原理は「資産の活用」「能力の活用」「扶養義務の優先」「他の法律による扶助の優先」の4つに分類することができます。「資産の活用」とは，現金，預貯金だけでなく，生活に直接必要ない土地・家屋，高価な貴金属，生命保険などがあれば，売ったり解約したりして生活費に充てなければならないということです（ただし，多少の預貯金は認められますし，生命保険も解約しなくてもよい場合があります）。「能力の活用」とは，働ける人はその能力に応じて働かなければならないということです（ただし，

体をこわしてまで働かなくてはならない，ということではありません）。「扶養義務の優先」とは，保護を受ける前に，扶養義務者からの援助が優先されなければならないことです（扶養義務とは，民法で定められている「身内で生活を助け合う義務」です）。「他の法律による扶助の優先」とは，保護を受ける前に，各種の手当など，他の法律や制度で給付が受けられるものがあれば，それらを優先させなければならないことを意味しています。

3　生活保護制度でいくらもらえるのか

では，生活保護制度でどれくらいの金額をもらうことができるのでしょうか。まず，生活保護制度で受けられる8種類の扶助（保護の種類）について整理しておきましょう（表8-1）。生活保護では，最低限度の生活を維持していくための費用を8種類に分け，それぞれに基準を決め，その不足分を補う（扶助する）ということになっています。8扶助の基準の積上げによって，生活保護基準（最低生活費）が決定されます（図8-1）。

生活扶助，住宅扶助，教育扶助，生業扶助，出産扶助などの扶助には，それぞれ事前に最低生活費（1か月生活していくのに最低これだけはかかるであろう費用）の基準が決まっています（基準は，年齢，世帯人員，あるいは住んでいる地域などによって異なります）。

人口の多い大都市部（1級地-1）で，68歳の高齢者単身世帯をモデルとして最低生活費の例を紹介しましょう（表8-2，88-89頁参照）。

生活扶助は1類と2類に分かれており，1類はそれぞれの年齢に対応して支給されています。68歳の高齢者の場合，生活扶助第1類の基準額は4万6,460円です。世帯人員1人の場合は逓減率は1.00ですから，第1類の基準額は4万6,460円となります。第2類の基準額は世帯人員1人の場合，2万7,790円となり，合計7万4,250円が生活扶助の基準額になります（さらに各種の加算が加えられることもあります）。家賃が必要な場合に，住宅扶助5万3,700円が加えられると，合計12万7,950円がこの高齢者の1か月の最低生活費となります。この68歳の高齢者に収入が全くない場合は，全額が生活保護費として支給されま

表 8-1　8 つの扶助

①生活扶助	飲食費や被服費，光熱費など，その世帯の生活費に対する扶助。第 1 類経費（飲食費，被服費など個人の経費），第 2 類経費（光熱費や家具什器費など世帯の経費）に分けられる。
②住宅扶助	家賃など住居の費用に対する扶助。
③教育扶助	学用品・学級費，給食費など義務教育の就学に必要な費用に対する扶助。
④生業扶助	被保護者が生業を開始したり，就労することによって，収入の増加や自立が見込まれる場合，その際に，必要となる費用に対する扶助。
⑤出産扶助	出産のために必要な費用に対する扶助。
⑥葬祭扶助	死亡確認，遺体運搬，火葬場使用料など，葬祭に必要な費用に対する扶助。
⑦医療扶助	病気や負傷のために，入院または通院で治療が必要な場合に，入院・診察・投薬などの医療サービスを給付し，その費用を国と地方自治体が支払う。
⑧介護扶助	介護が必要な場合に，介護サービスを給付し，自己負担分を国と地方自治体が支払う。

出所：岩田正美・杉村宏（編著）『公的扶助論――低所得者に対する支援と生活保護制度』ミネルヴァ書房，2009年，pp. 71-74. より筆者作成。

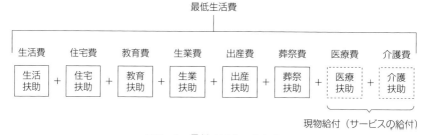

図 8-1　最低生活費の考え方

出所：筆者作成。

す。働いていて収入がある場合には，最低生活費から収入を差し引いた金額が生活保護費として支給されます（つまり最低生活に不足している金額が支給されます）。

　医療扶助，介護扶助は，実際にかかった医療費，介護費がそのまま最低生活費になります。

　また，生活保護制度では居宅での支援が難しい場合には，施設での保護も用

意されています。救護施設がその代表です。この施設には，身体的・精神的に
著しい障害を抱えた人が入所し，日常生活の援助を受けることになります。

　生活保護で示された生活費の基準は，まさに私たちの「最低限度の生活水
準」を示すものです。あるべき「最低限度の生活水準」とは何なのか，常に繰
り返し考えていくことが必要でしょう。

4 │ 生活保護制度の課題

　1995年の被保護人員は88万2,229人と，1951年以来最も低い数字でしたが
（図8-2，90頁参照），その後の経済情勢・雇用情勢の悪化の影響を受けて，被
保護人員は大きく上昇しました。2023年2月の時点で，約202万2,000人が生活
保護を受けています。被保護世帯の高齢化や単身世帯の増加も指摘されるよう
になっています。

　このような状況の中，生活保護制度にはいくつかの課題が指摘されるように
なってきました。まず，第1の課題は，保護の実施を国民にわかりやすく，信
頼感のあるものにすることです。生活保護は私たちの暮らしを守る最後の砦の
役割を果たしていますが，十分な保護を受けられないまま経済的に困窮してい
るという人は少なくありません。また逆に，もらうべきでないのに受給してい
る人も多いのではないか，という指摘もあります。

　第2の課題は生活保護費の有効な活用方法を模索することです。生活保護は
現金を給付してそれで終わりなのでなく，生活保護費を利用して受給者が経済
的に，また社会的に自立することを目的としています。福祉事務所や民間団体
が協働で生活保護受給者の就労支援などを展開する「自立支援プログラム」の，
より効果的なあり方を考える必要があるでしょう。

　このような課題を背景として，2013年には生活保護制度の見直しと生活困窮
者対策の一体的実施をめざした生活困窮者自立支援法が成立しました（2015年
4月施行）。これは，生活保護に至る前の段階の自立支援策の強化を図るため，
生活困窮者に対し，自立相談支援事業の実施や住居確保給付金の支給，その他
の支援を行うことを目的としています。

表 8-2　生活保護制度における最低生活費の算出方法

(2023年10月)

【最低生活費＝A＋B＋C＋D＋E＋F】 (単位：円／月額)

生活扶助基準（第1類）

年齢	基準額					
	1級地-1	1級地-2	2級地-1	2級地-2	3級地-1	3級地-2
0～2	44,580	43,240	41,460	39,680	39,230	37,000
3～5	44,580	43,240	41,460	39,680	39,230	37,000
6～11	46,460	45,060	43,200	41,350	40,880	38,560
12～17	49,270	47,790	45,820	43,850	43,360	40,900
18～19	46,930	45,520	43,640	41,760	41,290	38,950
20～40	46,930	45,520	43,640	41,760	41,290	38,950
41～59	46,930	45,520	43,640	41,760	41,290	38,950
60～64	46,930	45,520	43,640	41,760	41,290	38,950
65～69	46,460	45,060	43,200	41,350	40,880	38,560
70～74	46,460	45,060	43,200	41,350	40,880	38,560
75～	39,890	38,690	37,100	35,500	35,100	33,110

↓

人員	逓減率					
	1級地-1	1級地-2	2級地-1	2級地-2	3級地-1	3級地-2
1人	1.00	1.00	1.00	1.00	1.00	1.00
2人	0.87	0.87	0.87	0.87	0.87	0.87
3人	0.75	0.75	0.75	0.75	0.75	0.75
4人	0.66	0.66	0.66	0.66	0.66	0.66
5人	0.59	0.59	0.59	0.59	0.59	0.59

↓

生活扶助基準（第2類）

人員	基準額					
	1級地-1	1級地-2	2級地-1	2級地-2	3級地-1	3級地-2
1人	27,790	27,790	27,790	27,790	27,790	27,790
2人	38,060	38,060	38,060	38,060	38,060	38,060
3人	44,730	44,730	44,730	44,730	44,730	44,730
4人	48,900	48,900	48,900	48,900	48,900	48,900
5人	49,180	49,180	49,180	49,180	49,180	49,180

※冬季には地区別に冬季加算が別途計上される。
　札幌市の例：4人世帯の場合は月額22,270円（10月～翌4月）

↓

生活扶助基準（第1類＋第2類）

※各居宅世帯員の第1類基準額を合計し，世帯人員に応じた逓減率を乗じ，世帯人員に応じた第2類基準額を加える。

↓

生活扶助基準額（第1類＋第2類）＋特例加算（1人当たり月額1,000円）＋生活扶助本体における経過的加算【A】

※特例加算は入院患者や施設入所者等にも加算される。

加算額【B】			
	1 級地	2 級地	3 級地
障害者			
身体障害者障害程度等級表 1 ・ 2 級に該当する者等	26,810	24,940	23,060
身体障害者障害程度等級表 3 級に該当する者等	17,870	16,620	15,380
母子世帯等			
児童 1 人の場合	18,800	17,400	16,100
児童 2 人の場合	23,600	21,800	20,200
3 人以上の児童 1 人につき加える額	2,900	2,700	2,500
児童を養育する場合	10,190（児童 1 人につき）		

①該当者がいるときだけ，その分を加える。
②入院患者，施設入所者は金額が異なる場合がある。
③このほか，「妊産婦」などがいる場合は，別途妊産婦加算等がある。
④児童とは，18歳になる日以後の最初の 3 月31日までの者。
⑤障害者加算と母子加算は原則併給できない。
※一定の要件を満たす「母子世帯等」及び「児童を養育する場合」には，別途経過的加算（別表）
　がある。

生活扶助基準【C】			
実際に支払っている家賃・地代	1 級地	2 級地	3 級地
	53,700	45,000	40,900

※東京都の例（単身の場合）。基準額の範囲内で実費相当が支給される。

教育扶助基準，高等学校等就学費【D】			
	小学生	中学生	高校生
基準額	2,600	5,100	5,300

※このほか必要に応じ，教材費・クラブ活動費・入学金（高校生の場合）などの実費が計上され
　る。

介護扶助基準【E】
居宅介護等にかかった介護費の平均月額

医療扶助基準【F】
診察等にかかった医療費の平均月額

最低生活費認定額

※このほか，出産，葬祭などがある場合は，それらの経費の一定額がさらに加えられる。

出所：生活保護制度研究会（編）『生活保護のてびき 令和 5 年度版』第一法規，2023年，pp. 58-59.

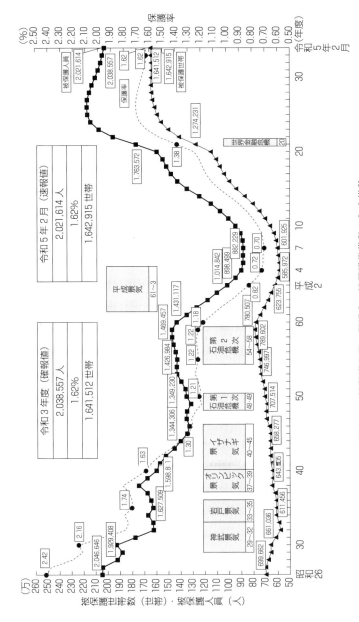

図 8 - 2　被保護人員・保護率・被保護世帯数の年次推移

資料：厚生労働省「被保護者調査」（月次調査）（平成23年度以前の数値は福祉行政報告例）。
出所：厚生労働省（編）「厚生労働白書　令和5年版」日経印刷，2023年，p. 246.

90

② その他の低所得者施策

1 | 母子世帯と児童扶養手当

　生活保護以外にも，経済的に生活が苦しい人にはさまざまな制度があります。母子世帯（母親と子どもで構成される世帯）や父子世帯（父親と子どもで構成される世帯）といった，いわゆるひとり親世帯を対象とした施策をみていきましょう。ひとり親世帯は，子育てと一家の家計維持をひとりの親が行わなければならないため，親の負担は大きなものになります。

　女性の雇用環境は不利な状況であることが多く，とくに母子世帯は経済的に苦しい状態に置かれる傾向があります。厚生労働省の「令和 3 年度全国ひとり親世帯等調査結果報告」によれば，母子世帯の2021年度の平均年間収入は373万円，母の平均年間就労収入は236万円と父子世帯を大きく下回っており，同調査の対象となった世帯の49.0％が，最も困っていることとして「家計」を挙げています。なお，父子世帯自体も，一般の世帯よりは相対的に収入は低くなっています。このような母子・父子世帯に対しては，まず母子及び父子並びに寡婦福祉法による福祉サービスがあります。そして経済的支援として児童扶養手当があります。その他，ひとり親家庭等の自立に向けた総合的な支援を図るために，さまざまな施策が展開されています（図 8 - 3 ）。

　児童扶養手当は，父もしくは母と生計を同じくしていない子どもを対象に，その子どもを養育する父母などに支給されます。離婚による母子世帯・父子世帯，実質的に父（母）が不在で母子世帯（父子世帯）と同様の状態にある世帯，父（母）がいても父（母）に一定の障害がある世帯などを対象としています。

　支給される金額は，所得制限によって全額支給もしくは一部支給となります。また支給額は子どもの数によっても異なりますが，全額支給の場合，子ども 1 人の場合は 4 万4,140円， 2 人の場合は 5 万4,560円， 3 人の場合は 6 万810円（以降，子どもが 1 人増えるごとに6,250円ずつ加算）となっています（2023年 4 月

○ひとり親家庭等に対する支援として，「子育て・生活支援策」，「就業支援策」，「養育費確保策」，「経済的支援策」の4本柱により施策を推進。

子育て・生活支援	就業支援	養育費確保支援	経済的支援
○母子・父子自立支援員による相談支援 ○ヘルパー派遣，保育所等の優先入所 ○こどもの生活・学習支援事業等による子どもへの支援 ○母子生活支援施設の機能拡充 　　　　　　　など	○母子・父子自立支援プログラムの策定やハローワーク等との連携による就業支援の推進 ○母子家庭等就業・自立支援センター事業の推進 ○能力開発等のための給付金の支給 　　　　　　　など	○養育費等相談支援センター事業の推進 ○母子家庭等就業・自立支援センター等における養育費相談の推進 ○「養育費の手引き」やリーフレットの配布 　　　　　　　など	○児童扶養手当の支給 ○母子父子寡婦福祉資金の貸付 　就職のための技能習得や児童の修学など12種類の福祉資金を貸付 　　　　　　　など

○「母子及び父子並びに寡婦福祉法」に基づき，
　①国が基本方針を定め，
　②都道府県等は，基本方針に即し，区域におけるひとり親家庭等の動向，基本的な施策の方針，具体的な措置に関する事項を定める自立促進計画を策定。

┄┄【ひとり親支援施策の変遷】┄┄
○平成14年より「就業・自立に向けた総合的な支援」へと施策を強化し，「子育て・生活支援策」，「就業支援策」，「養育費確保策」，「経済的支援策」の4本柱により施策を推進中。
○平成24年に「母子家庭の母及び父子家庭の父の就業の支援に関する特別措置法」が成立
○平成26年の法改正（※）により，支援体制の充実，就業支援施策及び子育て・生活支援施策の強化，施策の周知の強化，父子家庭への支援の拡大，児童扶養手当と公的年金等との併給制限の見直しを実施。（※母子及び父子並びに寡婦福祉法，児童扶養手当法）
○平成28年の児童扶養手当法の改正により，第2子，第3子以降加算額の最大倍増を実施。
○平成30年の児童扶養手当法の改正により，支払回数を年3回から年6回への見直しを実施。
○令和2年の児童扶養手当法の改正により，児童扶養手当と障害年金の併給調整の見直しを実施。

図8-3　ひとり親家庭等の自立支援策の体系

出所：こども家庭庁支援局家庭福祉課「ひとり親家庭の支援について」2023年4月，p.11.

現在）。一部支給は，所得に応じて1万410～4万4,130円（対象となる子どもが1人の場合）の間で，10円きざみの額となります。

　2002年8月1日の改正で全額支給（上記の金額がすべてもらえる）の制限を厳しくし，それ以上の所得がある場合は所得に応じて，細かく支給額が変動する制度になりました（表8-3）。

　2021年で母子世帯の数は119万5,128世帯となっています。母子世帯になった理由としては，離婚が79.5％と最も高くなっています（表8-4）。政策的には，児童扶養手当の支給は広く薄くという方向に動いています。

表8-3　児童扶養手当の所得制限
（2018年8月1日以降）

扶養親族等の数	母，父または養育者		孤児等の養育者，配偶者，扶養義務者の所得制限限度額
	全部支給の所得制限限度額	一部支給の所得制限限度額	
0人	49万円未満	192万円未満	236万円未満
1人	87万円未満	230万円未満	274万円未満
2人	125万円未満	268万円未満	312万円未満
3人	163万円未満	306万円未満	350万円未満
4人	201万円未満	344万円未満	388万円未満
5人	239万円未満	382万円未満	426万円未満

出所：大阪市HP（https://www.city.osaka.lg.jp）。

表8-4　母子世帯になった理由

	世帯数（割合）
総　数	1,195,128(100.0)
死　別	63,378(5.3)
生別総数	1,117,928(93.5)
離婚	950,458(79.5)
未婚の母	128,755(10.8)
遺棄	5,176(0.4)
行方不明	2,571(0.2)
その他	30,969(2.6)
不　詳	13,821(1.2)

出所：厚生労働省「令和3年度全国ひとり親世帯等調査結果報告」2023年。

2 | 生活福祉資金

　このほか，低所得者に対する福祉施策として，都道府県社会福祉協議会が実施主体となって行っている生活福祉資金貸付制度（表8-5）があります。これは低所得者，高齢者，障害者などを対象として，就職に必要な技能習得，福祉用具購入，高校・大学への就学などに必要な金銭の貸付を行う制度です。

　生活福祉資金の利用相談や窓口は，市町村社会福祉協議会になっています。貸付の利用と同時に，社会福祉協議会や民生委員などによる相談援助を受けることで，利用者の生活の安定が図られています。

【本章のまとめ】
　生活保護や児童扶養手当などさまざまな低所得者福祉制度があることがわかりました。これらは，私たちの暮らしを守る「最後のセーフティネット」と呼んでよいでしょう。受給者の増大などに，どのように取り組んでいくのかが大きな課題です。

表8-5　生活福祉資金の例

資　金　の　種　類		貸　付　条　件				
		貸付限度額	据置期間	償還期限	貸付利子	連帯保証人
総合支援資金	生活支援費	・生活再建までの間に必要な生活費用	（二人以上）月20万円以内 （単身）月15万円以内 ・貸付期間：原則3月（最長12月）	最終貸付日から6月以内	据置期間経過後10年以内	連帯保証人あり 無利子 連帯保証人なし 年1.5%	原則必要 ただし，連帯保証人なしでも貸付可
	住宅入居費	・敷金，礼金等住宅の賃貸契約を結ぶために必要な費用	40万円以内	貸付けの日（生活支援費とあわせて貸し付けている場合は，生活支援費の最終貸付日）から6月以内			
	一時生活再建費	・生活を再建するために一時的に必要かつ日常生活費で賄うことが困難である費用 　就職・転職を前提とした技能習得に要する経費 　滞納している公共料金等の立て替え費用 　債務整理をするために必要な経費　　　　　　　　等	60万円以内				
福祉資金	福祉費	・生業を営むために必要な経費 ・技能習得に必要な経費及びその期間中の生計を維持するために必要な経費 ・住宅の増改築，補修等及び公営住宅の譲り受けに必要な経費 ・福祉用具等の購入に必要な経費 ・障害者用の自動車の購入に必要な経費 ・中国残留邦人等に係る国民年金保険料の追納に必要な経費 ・負傷又は疾病の療養に必要な経費及びその療養期間中の生計を維持するために必要な経費 ・介護サービス，障害者サービス等を受けるのに必要な経費及びその期間中の生計を維持するために必要な経費 ・災害を受けたことにより臨時に必要となる経費 ・冠婚葬祭に必要な経費 ・住居の転移等，給排水設備等の設置に必要な経費 ・就職，技能習得等の支度に必要な経費 ・その他日常生活上一時的に必要な経費	580万円以内 ※資金の用途に応じて上限目安額を設定	貸付けの日（分割による交付の場合には最終貸付日）から6月以内	据置期間経過後20年以内	連帯保証人あり 無利子 連帯保証人なし 年1.5%	原則必要 ただし，連帯保証人なしでも貸付可
	緊急小口資金	・緊急かつ一時的に生計の維持が困難となった場合に貸し付ける少額の費用	10万円以内	貸付けの日から2月以内	据置期間経過後12月以内	無利子	不要
教育支援資金	教育支援費	・低所得世帯に属する者が高等学校，大学又は高等専門学校に就学するために必要な経費	〈高校〉月3.5万円以内 〈高専〉月6万円以内 〈短大〉月6万円以内 〈大学〉月6.5万円以内 ※特に必要と認める場合は，上記各上限額の1.5倍まで貸付可	卒業後6月以内	据置期間経過後20年以内	無利子	不要 ※世帯内で連帯借受人が必要
	就学支度費	・低所得世帯に属する者が高等学校，大学又は高等専門学校への入学に際し必要な経費	50万円以内				

不動産担保型生活資金	不動産担保型生活資金	・低所得の高齢者世帯に対し，一定の居住用不動産を担保として生活資金を貸し付ける資金	・土地の評価額の70%程度 ・月30万円以内 ・貸付期間 借受人の死亡時までの期間又は貸付元利金が貸付限度額に達するまでの期間。	契約終了後3月以内	据置期間終了時	年3%，又は長期プライムレートのいずれか低い利率	必要 ※推定相続人の中から選任
	要保護世帯向け不動産担保型生活資金	・要保護の高齢者世帯に対し，一定の居住用不動産を担保として生活資金を貸し付ける資金	・土地及び建物の評価額の70%程度（集合住宅の場合は50%） ・生活扶助額の1.5倍以内 ・貸付期間 借受人の死亡時までの期間又は貸付元利金が貸付限度額に達するまでの期間				不要

出所：厚生労働省 HP（https://www.mhlw.go.jp）。

■ 参考文献

生活保護制度研究会（編）『生活保護のてびき　令和 5 年度版』第一法規，2023年。

第 **9** 章

子ども家庭福祉

• • •

ポイント

1 子ども家庭福祉に関係するさまざまな法律
2 子ども家庭福祉に関係するさまざまな施設
3 子ども虐待の現状とその対応

1 子ども家庭福祉の法律

1 | 児童の権利に関する条約

　児童の権利に関する条約は，子どもの権利について国際的に取り決めたもので，1989年に国連で採択され，日本も1994年に批准しました。

　この条約は，子どもの援助において子どもの最善の利益を考慮することが規定されています。また，大人から何かしてもらう権利（受動的権利）だけでなく，子ども自らが何かをする権利（能動的権利）を規定しました。

　そのほかにも，この条約には子どもの権利についてさまざまなことが規定されており，日本においても子どもの権利を保障するための取り組みが進められています。

2 | 子ども家庭福祉を支えている法律

　子ども家庭福祉を支える法律は数多くありますが，主なものとしては，児童福祉法，児童虐待の防止等に関する法律（児童虐待防止法），母子及び父子並びに寡婦福祉法，児童手当法，児童扶養手当法，特別児童扶養手当等の支給に関する法律，母子保健法が挙げられます（表9-1）。

表 9-1　子ども家庭福祉に関する主な法律

法律名	法律の目的等
児童福祉法	全て児童は，児童の権利に関する条約の精神にのつとり，適切に養育されること，その生活を保障されること，愛され，保護されること，その心身の健やかな成長及び発達並びにその自立が図られることその他の福祉を等しく保障される権利を有する。(第1条) 全て国民は，児童が良好な環境において生まれ，かつ，社会のあらゆる分野において，児童の年齢及び発達の程度に応じて，その意見が尊重され，その最善の利益が優先して考慮され，心身ともに健やかに育成されるよう努めなければならない。(第2条第1項) 児童の保護者は，児童を心身ともに健やかに育成することについて第一義的責任を負う。(第2条第2項) 国及び地方公共団体は，児童の保護者とともに，児童を心身ともに健やかに育成する責任を負う。(第2条第3項)
児童虐待の防止等に関する法律	児童に対する虐待の禁止，児童虐待の予防及び早期発見その他の児童虐待の防止に関する国及び地方公共団体の責務，児童虐待を受けた児童の保護及び自立の支援のための措置等を定めることにより，児童虐待の防止等に関する施策を促進し，もって児童の権利利益の擁護に資することを目的とする。(第1条)
母子及び父子並びに寡婦福祉法	母子家庭等及び寡婦の福祉に関する原理を明らかにするとともに，母子家庭等及び寡婦に対し，その生活の安定と向上のために必要な措置を講じ，もって母子家庭等及び寡婦の福祉を図ることを目的とする。(第1条)
児童手当法	父母その他の保護者が子育てについての第一義的責任を有するという基本的認識の下に，児童を養育している者に児童手当を支給することにより，家庭等における生活の安定に寄与するとともに，次代の社会を担う児童の健やかな成長に資することを目的とする。(第1条)
児童扶養手当法	父又は母と生計を同じくしていない児童が育成される家庭の生活の安定と自立の促進に寄与するため，当該児童について児童扶養手当を支給し，もつて児童の福祉の増進を図ることを目的とする。(第1条)
特別児童扶養手当等の支給に関する法律	精神又は身体に障害を有する児童について特別児童扶養手当を支給し，精神又は身体に重度の障害を有する児童に障害児福祉手当を支給するとともに，精神又は身体に著しく重度の障害を有する者に特別障害者手当を支給することにより，これらの者の福祉の増進を図ることを目的とする。(第1条)
母子保健法	母性並びに乳児及び幼児の健康の保持及び増進を図るため，母子保健に関する原理を明らかにするとともに，母性並びに乳児及び幼児に対する保健指導，健康診査，医療その他の措置を講じ，もつて国民保健の向上に寄与することを目的とする。(第1条)

出所：筆者作成。

　その中でも児童福祉法は，子ども家庭福祉の最も基本的な法律です。児童福祉法では，児童福祉の理念（第1条），児童育成の責任（第2条）を規定しています。これらの原理は，「すべて児童に関する法令の施行にあたつて，常に尊重されなければならない」（第3条）とされています。

3 ｜少子化対策（次世代育成支援対策）に関連する法律

　日本では，「1.57ショック」を契機として少子化が社会問題として注目され，1990年代以降，さまざまな対策が講じられるようになりました（図9-1）。

　1990年代には，エンゼルプラン，緊急保育対策等5か年事業，新エンゼルプランが策定され，仕事と子育ての両立支援など子どもを生み育てやすい環境づくりに向けての対策が推進されました。

　2000年代になると，仕事と子育ての両立支援を中心とした対策から，社会全体が一体となって総合的な取り組みを進めるという，より幅広い視点から対策が推進されていくようになり，「次世代育成支援」という言葉が使われるようになりました。

　2000年以降，次世代育成支援対策推進法，少子化社会対策基本法の制定，子ども・子育て応援プランの策定，「『子どもと家族を応援する日本』重点戦略」の策定など，少子化問題に対して積極的な対策が進められています。

　さらに2012年には，子ども・子育て関連3法（子ども・子育て支援法，就学前の子どもに関する教育，保育等の総合的な提供の推進に関する法律の一部を改正する法律，子ども・子育て支援法及び就学前の子どもに関する教育，保育等の総合的な提供の推進に関する法律の一部を改正する法律の施行に伴う関係法律の整備等に関する法律）が成立し，2015年度から幼児期の学校教育・保育，地域の子ども・子育て支援を総合的に推進していくことになりました。

　2022年にはこども家庭庁設置法が成立し，2023年4月には，こども家庭庁が創設されるとともに，子どもに関する施策を社会全体で総合的かつ強力に推進していくための包括的な基本法として，こども基本法が施行されました。

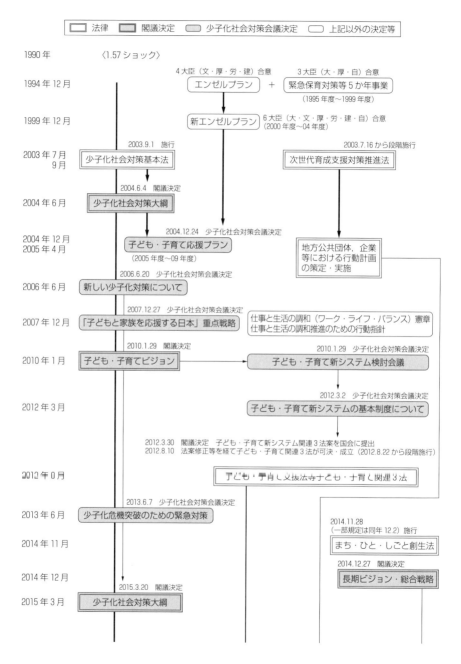

法律 　閣議決定 　少子化社会対策会議決定 　上記以外の決定等

1990 年 〈1.57 ショック〉

1994 年 12 月
4 大臣（文・厚・労・建）合意
エンゼルプラン ＋
3 大臣（大・厚・自）合意
緊急保育対策等 5 か年事業
（1995 年度～1999 年度）

1999 年 12 月
新エンゼルプラン
6 大臣（大・文・厚・労・建・自）合意
（2000 年度～04 年度）

2003 年 7 月
9 月
2003.9.1 施行
少子化社会対策基本法
2003.7.16 から段階施行
次世代育成支援対策推進法

2004 年 6 月
2004.6.4 閣議決定
少子化社会対策大綱

2004 年 12 月
2005 年 4 月
2004.12.24 少子化社会対策会議決定
子ども・子育て応援プラン
（2005 年度～09 年度）
地方公共団体，企業等における行動計画の策定・実施

2006 年 6 月
2006.6.20 少子化社会対策会議決定
新しい少子化対策について

2007 年 12 月
2007.12.27 少子化社会対策会議決定
「子どもと家族を応援する日本」重点戦略
仕事と生活の調和（ワーク・ライフ・バランス）憲章
仕事と生活の調和推進のための行動指針

2010 年 1 月
2010.1.29 閣議決定
子ども・子育てビジョン
2010.1.29 少子化社会対策会議決定
子ども・子育て新システム検討会議

2012 年 3 月
2012.3.2 少子化社会対策会議決定
子ども・子育て新システムの基本制度について

2012 年 8 月
2012.3.30 閣議決定 子ども・子育て新システム関連 3 法案を国会に提出
2012.8.10 法案修正等を経て子ども・子育て関連 3 法が可決・成立（2012.8.22 から段階施行）
子ども・子育て支援法等子ども・子育て関連 3 法

2013 年 6 月
2013.6.7 少子化社会対策会議決定
少子化危機突破のための緊急対策

2014 年 11 月
2014.11.28
（一部規定は同年 12.2）施行
まち・ひと・しごと創生法

2014 年 12 月
2014.12.27 閣議決定
長期ビジョン・総合戦略

2015 年 3 月
2015.3.20 閣議決定
少子化社会対策大綱

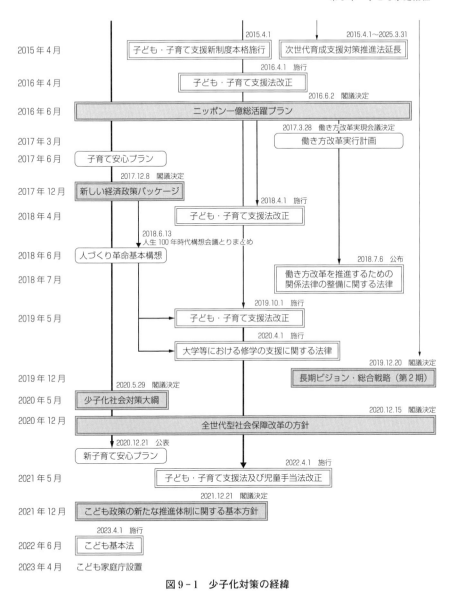

図 9-1 少子化対策の経緯

出所：内閣府（編）『少子化社会対策白書 令和 4 年版』日経印刷，2022年，pp. 48-49. を筆者改変。

4 | その他の法律

　その他にも，少年法，売春防止法，児童買春，児童ポルノに係る行為等の規制及び処罰並びに児童の保護等に関する法律（児童買春・児童ポルノ禁止法），配偶者からの暴力の防止及び被害者の保護等に関する法律（DV防止法），育児休業，介護休業等育児又は家族介護を行う労働者の福祉に関する法律（育児・介護休業法），子どもの貧困対策の推進に関する法律など，数多くの法律が子ども家庭福祉に関連しています。

② 子ども家庭福祉の施設

1 | 子ども家庭福祉の施設の種類

　表9-2には，子ども家庭福祉の施設の概要を示しています。児童福祉法では，児童福祉施設として，助産施設，乳児院，母子生活支援施設，保育所，幼保連携型認定こども園，児童厚生施設，児童養護施設，障害児入所施設，児童発達支援センター，児童心理治療施設^{▶1}，児童自立支援施設，児童家庭支援センター，里親支援センター^{▶2}の13種類の施設を規定しています。

　母子及び父子並びに寡婦福祉法では，母子・父子福祉施設として，母子・父子福祉センターと母子・父子休養ホームの2種類の施設を規定しています。

　2024年4月に施行の，困難な問題を抱える女性への支援に関する法律では，女性自立支援施設^{▶3}を規定しています。配偶者からの暴力の防止及び被害者の保護等に関する法律（DV防止法）では，女性自立支援施設において配偶者からの暴力を受けた被害者の保護を行うことができるとされています。

▶1　2017年4月より「情緒障害児短期治療施設」から名称が変更された。
▶2　2022年の児童福祉法改正により新たに創設された。
▶3　2024年4月より「婦人保護施設」から名称が変更される。

2 | 養護を必要とする子どものための施設

　養護を必要とする子どものための施設としては，乳児院，母子生活支援施設，児童養護施設，児童心理治療施設，児童自立支援施設があります。

　乳児院，児童養護施設は，保護者がいない，あるいは保護者に養育させることが適当でない子どもを養育するための施設です。近年は，保護者から虐待を受けた子どもの入所が増加してきています。

　児童心理治療施設は，社会生活への適応が困難となった子どもに必要な心理治療，生活指導を行うための施設です。

　児童自立支援施設は，不良行為をしたり，するおそれのある子ども，家庭環境等の理由により生活指導等を必要とする子どものための施設です。少年非行への対応は，少年法と児童福祉法で対応しています。家庭環境に非行の主な原因がある子どもや，比較的低年齢の子どもに対しては，主として児童福祉法で対応することになります。

3 | 障害のある子どものための施設

　障害のある子どものための施設としては，障害児入所施設，児童発達支援センターがあり，それぞれ医療型と福祉型に分けられています。

　障害児入所施設は，障害児を入所させて，保護，日常生活の指導，独立自活に必要な知識技能の付与および治療（医療型のみ）を行うことを目的としています。児童発達支援センターは，障害児を日々保護者の下から通わせて，日常生活における基本的動作の指導，独立自活に必要な知識技能の付与または集団生活への適応のための訓練および治療（医療型のみ）を行うことを目的としています。

　2012年度から障害児支援の強化を図るため，従来の障害種別ごとに分かれた施設体系について一元化が図られ，従来の知的障害児施設，自閉症児施設，盲児施設，ろうあ児施設，肢体不自由児施設，肢体不自由児療護施設，重症心身障害児施設などは障害児入所施設に，知的障害児通園施設，難聴幼児通園施設，

表 9-2　子ども家庭福祉の施設等の概要

施設の種類	施設の目的と対象者
助　産　施　設 （児福法36条）	保健上必要があるにもかかわらず，経済的理由により，入院助産を受けることができない妊産婦を入所させて，助産を受けさせる。
乳　児　院 （児福法37条）	乳児（保健上，安定した生活環境の確保その他の理由により特に必要のある場合には，幼児を含む。）を入院させて，これを養育し，あわせて退院した者について相談その他の援助を行う。
母子生活支援施設 （児福法38条）	配偶者のない女子又はこれに準ずる事情にある女子及びその者の監護すべき児童を入所させて，これらの者を保護するとともに，これらの者の自立の促進のためにその生活を支援し，あわせて退所した者について相談その他の援助を行う。
児　童　養　護　施　設 （児福法41条）	保護者のない児童（乳児を除く。ただし，安定した生活環境の確保その他の理由により特に必要のある場合には，乳児を含む。），虐待されている児童その他環境上養護を要する児童を入所させて，これを養護し，あわせて退所した者に対する相談その他の自立のための援助を行う。
児童心理治療施設 （児福法43条の2）	家庭環境，学校における交友関係その他の環境上の理由により社会生活への適応が困難となつた児童を，短期間，入所させ，又は保護者の下から通わせて，社会生活に適応するために必要な心理に関する治療及び生活指導を主として行い，あわせて退所した者について相談その他の援助を行う。
児童自立支援施設 （児福法44条）	不良行為をなし，又はなすおそれのある児童及び家庭環境その他の環境上の理由により生活指導等を要する児童を入所させ，又は保護者の下から通わせて，個々の児童の状況に応じて必要な指導を行い，その自立を支援し，あわせて退所した者について相談その他の援助を行う。
障　害　児　入　所　施　設 （児福法42条）	障害児を入所させて，以下の支援を行う。 ①福祉型障害児入所施設：保護，日常生活の指導及び独立自活に必要な知識技能の付与。 ②医療型障害児入所施設：保護，日常生活の指導，独立自活に必要な知識技能の付与及び治療。
児童発達支援センター （児福法43条）	障害児を日々保護者の下から通わせて，以下の支援を提供する。 ①福祉型児童発達支援センター：日常生活における基本的動作の指導，独立自活に必要な知識技能の付与又は集団生活への適応のための訓練。 ②医療型児童発達支援センター：日常生活における基本的動作の指導，独立自活に必要な知識技能の付与又は集団生活への適応のための訓練及び治療。
保　育　所 （児福法39条）	保育を必要とする乳児・幼児を日々保護者の下から通わせて保育を行う。
幼保連携型認定こども園 （児福法39条の2）	義務教育及びその後の教育の基礎を培うものとしての満3歳以上の幼児に対する教育及び保育を必要とする乳児・幼児に対する保育を一体的に行い，これらの乳児又は幼児の健やかな成長が図られるよう適当な環境を与えて，その心身の発達を助長する。

児 童 厚 生 施 設 （児福法40条，平2.8.7発 児123号，平4.3.26児育 8 ）	児童遊園，児童館等児童に健全な遊びを与えて，その健康を増進し，又は情操をゆたかにする。 ①児童館：屋内に集会室，遊戯室，図書室等を設け，児童に健全な遊びを与えて，その健康を増進し，情操をゆたかにする。 ②児童遊園：屋外に広場，遊具等を設け，児童に健全な遊びを与えて，その健康を増進し，情操をゆたかにする。
児童家庭支援センター （児福法44条の 2 ）	地域の児童の福祉に関する各般の問題につき，児童に関する家庭その他からの相談のうち，専門的な知識及び技術を必要とするものに応じ，必要な助言を行うとともに，市町村の求めに応じ，技術的助言その他必要な援助を行うほか，あわせて児童相談所，児童福祉施設等との連絡調整等を総合的に行う。
里 親 支 援 セ ン タ ー （児福法44条の 3 ）	里親支援事業を行うほか，里親，里親に養育される児童，里親になろうとする者について相談その他の援助を行う。
母子・父子福祉センター （母子及び父子並びに寡婦法39条）	無料又は低額な料金で，母子家庭等に対して，各種の相談に応ずるとともに，生活指導及び生業の指導を行う等母子家庭等の福祉のための便宜を総合的に供与する。
母子・父子休養ホーム （母子及び父子並びに寡婦法39条）	無料又は低額な料金で，母子家庭等に対して，レクリエーションその他休養のための便宜を供与する。
女 性 自 立 支 援 施 設 （困難な問題を抱える女性への支援に関する法律12条，DV防止法 5 条）	困難な問題を抱える女性を入所させて，保護，医学的・心理学的な援助，生活支援を行う。 被害者（配偶者からの暴力を受けた者）を保護する。

出所：筆者作成。

肢体不自由児通園施設などは児童発達支援センターに再編されました。

4 ｜ 子どもの健全育成のための施設

　子どもの健全育成のための施設としては，保育所，幼保連携型認定こども園，児童厚生施設があります。

　保育所は，保育を必要とする乳幼児を保育するための施設です。近年，保育所は日々通ってきている乳幼児の保育を行うだけでなく，その保護者や地域で子育てをしている家庭の支援を行うことが期待されています。

　幼保連携型認定こども園は，小学校就学前の子どもの教育，保育，および保護者等に対する子育て支援を一体的に提供する施設です。子ども・子育て支援新制度の施行にともなって新たに児童福祉施設として規定されました。また，

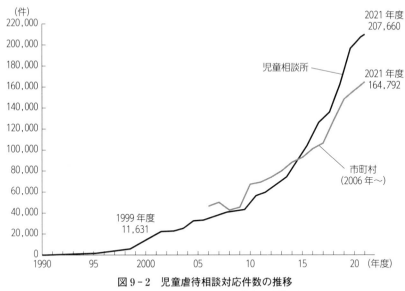

図 9 - 2　児童虐待相談対応件数の推移

注：平成22年度は，東日本大震災の影響により，福島県を除いて集計した数値である。
資料：厚生労働省「福祉行政報告例」。
出所：厚生労働統計協会（編）『国民の福祉と介護の動向 2022/2023』2022年，p. 133. を筆者改変。

そこで展開される３歳以上の子どもへの教育については学校教育に位置づけられています。

　児童厚生施設は，子どもに健全な遊びを与えて，その健康を増進し，情操をゆたかにするための施設で，児童館と児童遊園に分けられています。児童館は屋内の遊びを主とするもので，児童遊園は屋外の遊びを主とするものです。

③　子ども虐待への対応

1│増加する子ども虐待

　児童相談所および市町村における子ども虐待相談対応件数は年々増加しています（図９-２）。2021年には児童相談所で20万7,660件，市町村で16万4,792件となっています。子ども虐待は複数の要因が重なり合って起こっていますが，

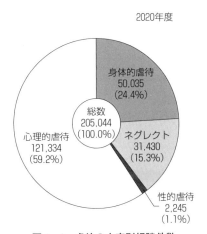

図 9-3　虐待の内容別相談件数

出所：厚生労働省「令和 3 年度 福祉行政報告例」より筆者作成。

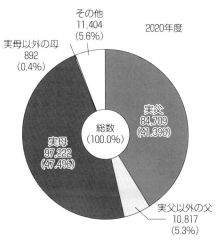

図 9-4　主たる虐待者

注：「その他」には，祖父母，叔父叔母などが含まれる。
出所：厚生労働省「令和 3 年度 福祉行政報告例」より筆者作成。

その要因の一つとして，都市化や核家族化などによって子育てを支える地域の力が低下したことで，子育てをしている親が誰にも助けを求められず，子ども虐待の増加につながっていると考えられます。また，子ども虐待に対する社会全体の関心が高まったことで，今まで表面化してこなかった子ども虐待が発見されているとも考えられます。

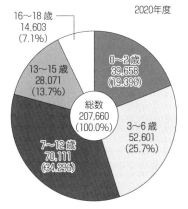

図 9-5　虐待を受けた子どもの年齢構成

出所：厚生労働省「令和 3 年度 福祉行政報告例」より筆者作成。

子ども虐待は，①身体的虐待，②ネグレクト（養育放棄），③性的虐待，④心理的虐待（面前 DV 含む）の 4 つに大きく分けられます。子ども虐待の内容別相談件数を見ると，心理的虐待が約 6 割，身体的虐待が 2 割強，ネグレクトが 1 割強となっています（図 9-3）。

　主たる虐待者は，実母が 5 割弱，実父が約 4 割となっています（図 9-4）。

虐待を受けた子どもの年齢構成をみると，0〜2歳が約2割，3〜6歳が2割強，7〜12歳が3割強となっています（図9-5）。

2 | 子ども虐待にどう対応するのか

　子ども虐待は，相談対応件数が増加するとともに，その内容も専門的な支援を必要とするものが増加しており，社会全体で解決しなければならない大きな問題となっています。

　子ども虐待への対応としては，①発生予防，②早期発見・早期対応，③保護・支援，④再発予防・見守りの4つに大きく分けられます。

　第1の発生予防では，子育てに関する情報を提供したり，子育て中の親が相談や交流できる場を整備したりすることで，子育て不安の軽減や地域からの孤立化の防止を図っています。また，生後4か月までの乳児がいるすべての家庭を訪問して，子育て支援に関する情報提供や状況の把握などを行う乳児家庭全戸訪問事業（こんにちは赤ちゃん事業）や，虐待のリスクが高いなど養育支援が必要な家庭の支援を行う養育支援訪問事業なども推進しています。

　第2の早期発見・早期対応に関しては，児童相談所の体制を強化したり，地域のネットワークを強化することで，虐待を受けたと思われる子どもをできるだけ早く見つけて対応することで，虐待による被害が深刻になることを防止するよう努めています。虐待を受けたと思われる子どもを見つけたら児童相談所に通告しなければならないこととなっていますが，学校や保育所，病院などの関係者はとくに虐待を発見しやすい立場にあることを自覚して，早期発見に努めることが求められています。

　第3の保護・支援に関しては，虐待によって家庭から分離された子どもを受け入れる児童養護施設などの体制整備が求められています。虐待を受けた子どもに対して心理療法を行う職員や個別に対応する職員を配置したり，地域の中で家庭的な雰囲気できめ細かなケアを行う小規模施設を整備したりするなど，虐待を受けた子どもの支援を充実する取り組みが進められています。さらに，里親への支援体制の整備も求められています。

　第4の再発予防・見守りに関しては，施設や里親から家庭に戻った後の子ども・家庭に対する支援が求められています。それまで分離されていた子どもと親が同居することによってさまざまな問題が生じる可能性があり，とくに家庭に戻った直後は重要な時期と認識して，集中的に支援を行う必要があります。社会生活の場面での些細なつまずきがその後の安定した生活を妨げることもあるため，アフターケアの体制を整備することが重要となります。そのために，児童相談所と市町村，施設等の関係機関が連携を図っていくことが求められます。

　2016年には，これらの子ども虐待についてさらなる対策の強化等を図るため，児童福祉法の理念を明確化するとともに，市町村および児童相談所の体制の強化など，児童福祉法の大幅な改正が行われました。また，依然として後を絶たないしつけを名目とした子ども虐待を抑制する観点から児童福祉法等が改正され，2020年4月から，子どものしつけに際して体罰を加えてはならないことが規定されました。さらに，2022年には民法が改正され，親権者の懲戒権の規定が削除されるとともに，親権者は「子の人格を尊重するとともに，その年齢及び発達の程度に配慮しなければならず，かつ，体罰その他の子の心身の健全な発達に有害な影響を及ぼす言動をしてはならない」（第821条）と規定されました。

┤本章のまとめ├

　子どもを取り巻く問題には，本章で取り上げた子ども虐待以外にも不登校，非行などたくさんあります。子ども家庭福祉の制度を理解するとともに，子どもの最善の利益を考えて，子どもとその家庭を支援していくことが求められます。

第 10 章

高齢者福祉

● ● ●

ポイント

1 社会全体で高齢者の介護を支える介護保険制度の仕組み
2 介護保険制度で提供されるサービス
3 介護保険制度の課題

1 介護保険制度の理念

1 「社会全体で介護を支える」とは

　テレビや新聞で高齢化率という数字がよく取り上げられます。高齢化率とは，総人口に占める65歳以上人口の割合です。総務省「人口推計」によると2022年の日本の高齢化率は29.0％で，他の先進諸国と比べて急速に高齢化していることがわかります。2022年の平均寿命は男性が81.05歳，女性が87.09歳になり，2年連続で低下しました。ただし，2070年には男性85.89歳，女性91.94歳と，女性の平均寿命は90歳を超えることが予想されています。[1]

　平均寿命が伸びることはとても喜ばしいことです。しかし，年をとるとともに体が不自由になり，介護が必要になる心配も大きくなります。また，必要になった介護の負担が，特定の人に集中しているという問題が指摘されています。

　そこで，国民から広く事前に保険料という形でお金を集めて，それを財源として介護サービスを提供することになりました。介護の社会化とは，社会全体

▶1　内閣府（編）『高齢社会白書 令和5年版』日経印刷，2023年，pp. 2・6.

表 10 - 1　被保険者の分類と保険料

	第 1 号被保険者	第 2 号被保険者
加入対象者	65歳以上の者	40歳以上65歳未満の医療保険加入者
サービスを利用できる条件	要支援・要介護の状態になった場合	加齢に伴う疾病（特定疾病：16疾病）による障害等で要支援・要介護の状態になった場合
保険料額（平均）	全国平均（2021年度から2023年度まで）月額6,014円	全国平均（2022年度）月額6,829円 ＊加入する医療保険によって異なる ＊サラリーマン，公務員は会社などと折半するのでこの金額の半分が本人負担

出所：厚生労働省社会保障審議会介護保険部会資料「介護保険制度をめぐる最近の動向について」2022年を参考に筆者作成。

で介護を支えるということです。介護保険制度は，これを実現するために2000年 4 月から実施された制度です。

2│介護保険制度の運営

　介護保険制度は，住民にとって身近な地方自治体である市町村（近くの市役所や町役場），特別区（東京23区の区役所）が運営しています（第 5 章の図 5 - 4 参照）。複数の市役所や町役場が共同で介護保険制度の運営を行う広域連合などの仕組みもあります。

　介護保険制度では，40歳以上の人を被保険者として，制度に全員加入させて，第 1 号被保険者（65歳以上の者）と第 2 号被保険者（40歳以上65歳未満の医療保険加入者）の 2 種類に分類しています。

　第 1 号被保険者の場合，保険料は市町村によって異なり， 3 年ごとに改定され，2021年度から2023年度は全国平均で月額6,014円になっています。その市町村がたくさん介護サービスを提供すればするほど，保険料は高くなります。第 2 号被保険者の場合，保険料は加入する医療保険によって異なり，毎年改定されます。2022年度の全国平均は6,829円でした（表 10 - 1 ）。

　こうして集められた保険料を財源にして介護サービスが提供されます。介護

保険制度が開始される前は，地方自治体（市役所や町役場）や社会福祉法人が介護サービスを提供することが多かったのですが，介護保険制度が始まってから，株式会社や特定非営利活動法人（NPO法人）が福祉サービス事業者として参入するようになっています。介護サービスの利用者は，自分の意思で事業者を選んでサービスを受けることになります。

② 介護保険制度で利用できるサービス

1 ｜ 実際に介護保険制度を利用する時は

　介護サービスを受けるには，利用者が実際に介護が必要な状態になっていることが必要です。介護保険制度は「介護が必要になる」という危険（リスク）に事前に備えているものですから，介護が必要でない高齢者にサービスを提供することはできません。この「どの程度介護が必要になっている」かどうかの判定を要介護認定といいます。

　介護サービスを利用するためには，まず要介護認定の申請が必要です。申請は市役所などの窓口か，指定された代行機関の窓口（居宅サービスや施設が窓口になっていることが多い）へ申し込むことになります。

　利用者からの申請を受けて，市区町村は申請者のところに調査員を派遣して訪問調査を行います。市区町村の職員や代行機関の介護支援専門員（ケアマネジャー）が，利用者本人の身体的・精神的な状況を調査します。たとえば「寝返りができるかどうか」などの項目を一つひとつ本人・家族に聞き取りして確認し，これに加えて，細かい内容を特記事項として書き込みます。また，市区町村は申請者の主治医に主治医意見書の作成を依頼します。

　訪問調査のデータおよび主治医意見書に基づいて，1日あたりの介護時間を計算します（コンピューター処理）。これが1次判定と呼ばれる作業です。

　計算された時間の結果から，「要支援1」「要支援2」，「要介護1」から「要介護5」までの要介護度が特定されます（図10-1）。しかし，訪問調査とコン

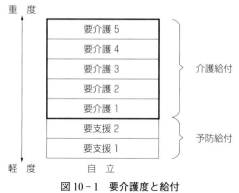

図 10 - 1　要介護度と給付

出所：筆者作成。

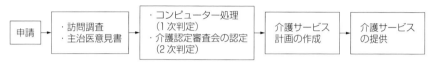

図 10 - 2　介護サービスを利用するまで

出所：筆者作成。

ピューター処理の結果だけでは，その人の要介護度を正確にはかれない可能性
もあります。そこで，介護認定審査会というところで，人間の目で再び1次判
定の結果を再確認することになります。これが2次判定と呼ばれるもので，こ
の2段階の判定を経て，その人の要介護度が正式に認定されることになります
（図10-2）。

2 ┃ いろいろな介護サービス

　サービスは大きく分けて，居宅介護サービス，施設介護サービス，地域密着
型サービスの3つに分類することができます。

　第1の居宅介護サービスは在宅サービスとも言い，利用者の生活の中心が利
用者の自宅になるサービスです（表10-2）。

　代表的な居宅介護サービスとしては，訪問介護（ホームヘルプ），通所介護
（デイサービス），短期入所（ショートステイ）の3つが挙げられます（図10-3）。

表 10 - 2　居宅介護サービス

サービスの種類	サービス内容
①訪問介護 【ホームヘルプ】	訪問介護員（ホームヘルパー）が，利用者の家を訪問して，入浴・排泄・食事等の介護その他の日常生活の世話や相談を行う。
②訪問入浴介護	入浴車などが利用者宅を訪れ，入浴を行う。
③訪問看護	訪問看護師等が利用者宅を訪れ，療養の世話や診療の補助を行う。
④訪問リハビリテーション	理学療法士や作業療法士等が利用者宅を訪れ，心身の機能維持や回復を目指しリハビリを行う。
⑤居宅療養管理指導	病院・診療所・薬局の医師，歯科医師，薬剤師などから管理と療養上の指導を受ける。
⑥通所介護 【デイサービス】	利用者が自宅から，老人デイサービスセンターなどの施設に日帰りで通い，入浴・食事・機能訓練のサービスを受ける。
⑦通所リハビリテーション 【デイケア】	利用者が自宅から病院・診療所などの医療機関，介護老人保健施設へ行き，入浴・食事・リハビリを受ける。
⑧短期入所生活介護 【福祉施設へのショートステイ】	特別養護老人ホーム・老人短期入所施設に短期間入所して，食事・介護・機能訓練などを受ける。
⑨短期入所療養介護 【医療施設へのショートステイ】	療養型の病院・診療所などの医療施設，または老人保健施設に短期間入所し，医学的な管理のもとに日常生活の介護や看護，リハビリを受ける。
⑩特定施設入居者生活介護 【有料老人ホームなどで提供される介護サービス】	有料老人ホーム・軽費老人ホームなどが，介護や看護などを一体的に提供する体制をとった場合に，それに介護保険が適用されるサービス。有料老人ホームそのものではない。
⑪福祉用具貸与	車いす，ベッド，歩行支援具など，自立を支援するのに必要な用具のレンタルが受けられるサービス。
⑫特定福祉用具販売	入浴や排せつに使用される特定福祉用具の購入費用を支給する。
⑬住宅改修費	居宅での生活に支障がないように手すりの取り付けなど住宅改修費用を支給する。
⑭居宅介護支援	在宅の要介護者等が在宅介護サービスを適切に利用できるよう，事業者等との連絡調整等の便宜の提供を行う。介護保険施設に入所が必要な場合は，施設への紹介等を行う。

出所：本間清文『最新図解　スッキリわかる！介護保険 第2版』ナツメ社，pp. 137・143. を参考に筆者作成。

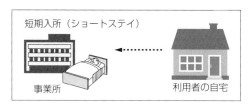

図10-3　代表的な居宅介護サービス

出所：筆者作成。

　訪問介護は，ホームヘルパーが利用者の自宅を訪れ，日常生活の世話を行う
サービスです。通所介護は，利用者が自宅ではなく，老人ホームなどに併設さ
れている施設に日帰りで通って，レクリエーションなどのサービスを受けるも
のです。短期入所は，利用者が一定期間，老人ホームなどの施設に入所するサ
ービスです。

　通所介護・短期入所とも，サービスを受ける時は自宅をいったん離れるわけ
ですが，利用者の生活の中心はあくまで利用者の自宅です。

　第2の施設サービスの場合は，利用者の生活の中心が施設に移ることになり
ます。介護保険制度では施設介護サービスとして介護老人福祉施設，介護老人
保健施設，介護医療院の3種類の施設が設定されています（表10-3）。

　高齢者介護の施設というと，これ以外にケアハウス（軽費老人ホーム新型），
有料老人ホームなどの言葉を聞いたことがある人が多いかもしれません。これ

表 10-3　施設介護サービス

	対象者
①介護老人福祉施設 （特別養護老人ホーム）	常時介護が必要で在宅生活が困難な要介護者を入所させ，食事等の日常生活上の世話，機能訓練や療養上の世話を行う。
②介護老人保健施設	病状が安定期にあり，入院治療の必要のない要介護者を入所させ，日常生活上の世話，看護，機能訓練その他の必要な医療を行う。
③介護療養型医療施設 （2024年度廃止予定）	病状が安定期にある長期療養患者について，病院・診療所の病床にて，療養上の管理，看護，機能訓練その他の必要な医療，介護その他の世話を行う。
④介護医療院	長期にわたる療養が必要な要介護者について，病院等にて，療養上の管理，看護，機能訓練その他の必要な医療，介護その他の世話を行う。

出所：本間清文『最新図解　スッキリわかる！介護保険 第2版』ナツメ社，2021年，p.136.を一部修正。

　らの施設は介護保険制度の適用にはならないため，施設の利用料負担は介護老人福祉施設に比べて割高になる傾向があります（有料老人ホームなどで利用する介護サービスにおいては部分的に介護保険制度が適用される）。

　第3の地域密着型サービスというのは，2006年度の制度改正で新しく設定されたものです。このサービスの代表として，認知症対応型共同生活介護を挙げることができます。これは，軽度・中度の認知症の高齢者がホームのスタッフから食事や日常生活のサポートを受けながら，少人数で共同生活するサービスです（表10-4）。また，介護保険制度では，こうした保険給付だけではなく，高齢者が要介護状態になるのを防ぐことなどを目的とした地域支援事業も設定されており，介護予防教室など，さまざまな事業が行われています。

　「要介護1」から「要介護5」と認定されれば介護給付として，表10-2～4で示した在宅サービスや施設サービスなどの介護サービスをすべて受けることができます（ただし，介護老人福祉施設の入所は要介護3以上の重度者に限定される）。

　「要支援」と認定された場合も，予防給付として介護サービスを受けることができます（介護予防サービス，地域密着型介護予防サービス。2015年度より訪問介護，通所介護は地域支援事業として提供されている）が，施設サービスは受けることができません。また，利用できる地域密着型サービスの種類が限定され

表 10−4　地域密着型サービス

①夜間対応型訪問介護	夜間に，ホームヘルパーが，定期的な巡回や通報（連絡）などによって，入浴・排泄・食事などの介護や日常生活上の世話を受けるサービス。
②認知症対応型通所介護	認知症の利用者が老人デイサービスセンターなどの施設に通い，入浴・排泄・食事などの介護や日常生活上の世話や機能訓練を受けるサービス。
③小規模多機能型居宅介護	入浴・排泄・食事などの介護や日常生活上の世話や機能訓練を受けるサービス。「通所介護」を中心に，利用する人の状態や希望に応じて「訪問介護」や「ショートステイ」を組み合わせて，在宅生活を続けるためのサービス。
④認知症対応型共同生活介護【グループホーム】	中・軽度の認知症の高齢者が少人数で共同生活を行い，スタッフから入浴・排泄・食事などの介護や日常生活上の世話や機能訓練を受けるサービス。
⑤地域密着型特定施設入居者生活介護	定員が29人以下の小規模な有料老人ホームなどで入居者に対して，入浴・食事などの世話を行う。
⑥地域密着型介護老人福祉施設入所者生活介護	定員が29人以下の特別養護老人ホームの入所者に対して，入浴・食事などの世話を行う。
⑦定期巡回・随時対応型訪問介護看護	訪問介護と訪問看護が密接に連携しながら，定期巡回や随時対応を行う。
⑧看護小規模多機能型居宅介護	医療ニーズの高い利用者の状況に応じたサービスの組み合わせにより，地域における多様な療養支援を行う。
⑨地域密着型通所介護	老人デイサービスセンター等において，入浴，排せつ，食事等の介護，生活等に関する相談，助言，健康状態の確認その他の必要な日常生活の世話および機能訓練を行う（通所介護事業所のうち，事業所の利用定員が19人未満の事業所。原則として，事業所所在の市町村の住民のみ利用）。

出所：本間清文『最新図解　スッキリわかる！介護保険 第2版』ナツメ社，pp. 137・143. を参考に筆者作成。

ます。

　要介護度によって，どのくらいサービスを利用できるかの支給限度基準額（単位）が決められています。利用者は，その限度額内で利用できる介護サービスを組み合わせてケアプランを作成し，サービスを利用することになります。限度額の範囲内で受けた介護サービスについては，原則として1割（一定所得以上の人は2割）を自己負担します（図10−4）。限度額を超えてサービスを利

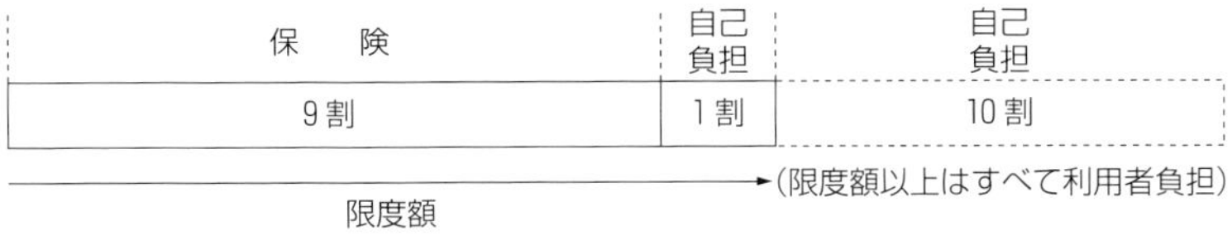

保　　　険	自己 負担	自己 負担
9割	1割	10割

限度額　──────────→（限度額以上はすべて利用者負担）

図 10 - 4　自己負担

出所：筆者作成。

用することも可能ですが，超えた分は全額自己負担となります。

③　介護保険制度の課題

　このように介護保険制度は，多くの国民から集められた保険料をもとに介護サービスを提供し，それによって介護の社会化に大きな役割が期待されていることがわかります。

　しかし，介護保険制度にはこれから検討すべき課題も多く残されています。まず第1に，低所得者に対する経済的負担の増大の問題があります。介護保険制度が始まる前は，応能負担といって，高齢者介護サービスの利用料負担は利用者本人の所得に応じて行われていました。つまり，所得の低い人は低い負担で介護サービスを利用することができたのです。しかし介護保険制度では，応益負担といって，利用者はサービスの利用量に応じて原則としてすべての人が1割の利用料を支払う必要があります。所得の低い人は，以前より高い金額の利用料を負担しなければいけなくなったり，利用する介護サービスの量を控えたりするようになったといわれています。所得が低い人に対する保険料や利用負担の軽減が課題となっています。

　また，第1号被保険者の場合，住んでいる地域によって支払う介護保険料が大きく異なることも問題視されています。第1号被保険者の保険料は，その被保険者が住んでいる市区町村の提供する介護サービスの量に大きく影響されます。市区町村にたくさん高齢者が住んでいて，たくさんの介護サービスが利用されていれば，支払う保険料の負担も大きくなるのです。

　このほか，適正な要介護度に認定されない問題，介護保険制度の開始ととも

に，新しく介護サービスを提供するようになった民間企業が不正を行うなどの問題も指摘されています。今後も高齢化の進展とともに給付するサービス量は，さらに増大することが予想されます。介護の給付と負担のあり方を考えていく必要があるでしょう。

本章のまとめ

　介護の社会化とは，国民の多くが保険料を納付し，それを財源として介護サービスを提供することです。家庭の中で特定の人だけが介護の負担を担うのではなく，社会全体で支える制度です。保険料負担のあり方や，提供されるサービスの量をもっと検討していかなければならないでしょう。

第 11 章

障害者福祉

● ● ●

ポイント

1 「障害」のとらえ方・考え方
2 ノーマライゼーションを中心とした障害者福祉の基本理念
3 障害者福祉における主な法律・制度

① 障害者福祉について考える

1 ｜「障害」に対するイメージ

　「障害」という言葉，とりわけ「害」には，「邪魔なもの」「害を与えるもの」などの意味が含まれているため，障害のある人に対するイメージがマイナスになっていないでしょうか。「障害のある人は何を考えているのかわからない」「どのように接したらよいのかわからない」などと感じている人もいるかもしれません。

　確かに世界各国の歴史をみても，障害のある人を「邪魔な人」「役に立たない人」ととらえ，政策的にも一般社会から隔離・分離している時代がありました。しかし今日では，障害のあるなしにかかわらず，誰もがその人らしく生き生きと生活できることが望ましいとされてきています。実際，「障害」といってもさまざまなものがあり，同じ障害があっても症状や程度は一人ひとり異なります。その特徴を活かしながら，社会の第一線で活躍されている人もいます。日本における「障害」の表記自体も，「障がい」や「しょうがい」とする（「障碍」としているところもあり）地方自治体が増えるなど，「障害」に対するイメージ，とらえ方・考え方には徐々に変化が見られてきています。

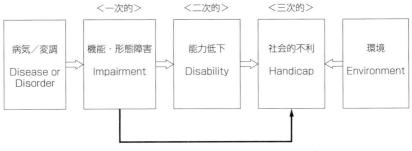

図11-1 国際障害分類（ICIDH）による障害モデル

2 | 国際的に共通する「障害」のとらえ方

　では，国際的に「障害」はどのようなとらえ方をされているのでしょうか。それを示したものとして，WHO（世界保健機関）が1980年に発表した国際障害分類（ICIDH：International Classification of Impairments, Disabilities, and Handicaps）（図11-1）があります。これによると，まず「病気／変調（Disease or Disorder）」によって起こる一次的障害として生物学的・医学的レベルでとらえた「機能・形態障害（Impairment）」があります。次に二次的障害として個人的レベルでとらえた「能力低下（Disability）」，さらに三次的障害として，社会的レベルの障害とされる「社会的不利（Handicap）」が示されています。

　たとえば，交通事故によって脊椎が損傷（「病気／変調」）し，足が不自由になった（「機能・形態障害」）とします。そのため，歩くこと，走ることといった移動する能力が低下（「能力低下」）し，希望する仕事に就けないなど社会的活動が制限される（「社会的不利」）ことになります。この「社会的不利」は，障害のある人に対する人権侵害や就職面での差別，または外出の際の階段，道路の段差といった物理的な不利益など，環境（人的・物理的・社会的）によって受ける不利益も障害の一つという考えから，国際障害分類に定められていました。

　この国際障害分類は，障害を個人のみの問題ではなく，周囲の人間や物理的

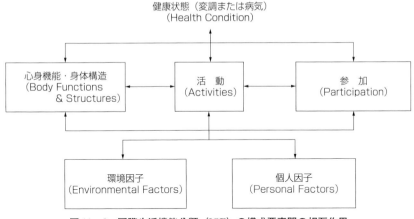

図 11 - 2　国際生活機能分類（ICF）の構成要素間の相互作用

　環境などの影響による不利益の現象であることを示し，国際的に共通する障害のとらえ方を明らかにしたという点では画期的でした。しかし，環境のとらえ方と位置づけが不明確である，各障害は直線的にとらえられるものではなく，さまざまな環境の影響によっても変わるものであるなどの指摘から，見直しを求める声が強くなってきました。そこで，2001年5月22日の第54回世界保健会議（WHO総会）において，国際障害分類は国際生活機能分類（ICF：International Classification of Functioning, Disability and Health）へと改定されました（図11 - 2）。

　国際生活機能分類の特徴の一つは，国際障害分類では「障害」がマイナスのものとしてとらえられていた点が改められ，否定的な言葉が排除されて中立的な言葉による記述がなされた点にあるといえます。従来の「機能・形態障害」「能力低下」「社会的不利」という次元の名称が，「心身機能・身体構造（Body Functions & Structures）」「活動（Activities）」「参加（Participation）」という名称に変更されました。これらの総称を「生活機能」と呼び，そこに問題を抱えた否定的な側面を，それぞれ「機能障害」「活動制限」「参加制約」とし，その総称を「障害」ととらえることになりました。

　また，環境のとらえ方と位置づけが明確となり，従来の「機能・形態障害⇨

能力低下⇨社会的不利」という一方向関係（直線的な医学モデル）について再度検討がなされました。その結果，障害は人間と環境が互いに関連しあって発生するものであるという「相互作用モデル」となりました。「健康状態」がさまざまな要因（環境因子，個人因子）により「機能・形態障害」「活動制限」「参加制約」を引き起こす，すなわち「障害」が起こるとされました。これは，「すべての人間に何らかの障害がある」という視点からであり，「健康状態」の中には，単なる疾患だけでなく，妊娠，加齢，ストレスなどといった状況も含むこととされました。

3 | 法律における「障害者」の定義

　世界各国の法律・制度によって，「障害者」がどのように定められているかについては違いが見られます。たとえば，国連の障害者の権利宣言（1975年）では，「『障害者』という言葉は，先天的か否かにかかわらず，身体的又は精神的能力の不全のために，通常の個人又は社会生活に必要なことを確保することが，自分自身では完全に又は部分的にできない人のことを意味する」とされています。

　日本では，障害者基本法や障害を理由とする差別の解消の推進に関する法律（以下，障害者差別解消法）において，「障害者」とは，「身体障害，知的障害，精神障害（発達障害を含む。）その他の心身の機能の障害…（中略）…がある者であつて，障害及び社会的障壁により継続的に日常生活又は社会生活に相当な制限を受ける状態にあるもの」（障害者基本法第 2 条）と定められています。その他，「身体障害者」など障害のある人のとらえ方については表 11 – 1 のとおりです。

2　障害者福祉の基本となる理念

1 | ノーマライゼーション

　今日，障害者福祉に関する基本理念にはさまざまなものがありますが，最も

124

表 11 - 1　日本における障害のある人のとらえ方

区分・法律名	定義（とらえ方）
①身体障害者 （身体障害者福祉 法第4条）	「「身体障害者」とは，別表に掲げる身体上の障害がある18歳以上の者であつて，都道府県知事から身体障害者手帳の交付を受けたものをいう。」 ＊別表とは「身体障害者障害程度等級表」（1〜7級）のこと 〈障害の種類〉 ●視覚障害（目が見えない・見えにくいなどの障害） ●聴覚または平衡機能の障害（耳が聞こえない・聞こえにくいなどの障害，またはうまく姿勢を保てない，うまく立ったり歩いたりできないなどの障害） ●音声機能，言語機能またはそしゃく機能の障害（声が出せない・発音がうまくいかないなどの障害，または食物をうまくかみ砕くことができないなどの障害） ●肢体不自由（手足などが不自由なこと） ●心臓，じん臓もしくは呼吸器の機能の障害，その他ぼうこうもしくは直腸，小腸，ヒト免疫不全ウイルスによる免疫もしくは肝臓の機能の障害（内臓の働きの障害，ヒト免疫不全ウイルスによる免疫の働きの障害）
②知的障害者	知的障害者福祉法において，「知的障害者」について定められたものはない。厚生労働省の「平成17年知的障害児（者）基礎調査」などでは，知的障害を「知的機能の障害が発達期（おおむね18歳まで）に現れ，日常生活に支障が生じているため，何らかの特別の援助を必要とする状態にあるもの」と定めている。
③精神障害者 （精神保健及び精 神障害者福祉に 関する法律第5 条）	「「精神障害者」とは，統合失調症，精神作用物質による急性中毒又はその依存症，知的障害その他の精神疾患を有する者をいう。」 〈補足説明〉 ●統合失調症 考えや気持ちがまとまらず，自分の感覚も混乱してしまう状態が続く病気。そのため，話や行動のつじつまが合わなくなる，実際にない声が聞こえる（幻聴），現実にありえないことを信じ込む（妄想）などの症状が出る。 ●精神作用物質による急性中毒又はその依存症 精神作用物質とは，アルコールや薬物（覚せい剤・シンナーなど）などのこと。これらを繰り返し使用することにより，その使用が日常化し，止めようと思っても自分の意思では止められなくなった状態となる。 ＊知的障害者が定義に含まれているのは，精神医療の利用において関係することであり，この法律で規定されている精神障害者社会復帰促進センターなどの利用については，知的障害者は制限される。

出所：直島正樹・原田旬哉（編）『図解で学ぶ保育　社会福祉 第3版』萌文書林，2022年，p.115. を一部改変。

重要なものとしては，ノーマライゼーションが挙げられます。この理念は，1950年代のデンマークにおいて，知的障害のある子どもをもつ親の会による運動が発端となって生まれました。後に生まれるインクルージョンなどの理念は，ノーマライゼーションがもとになっています。

1950年代のデンマークにおいては，知的障害のある人は，大規模な収容施設に入所させられ，社会から隔離・分離された生活をさせられていました。「障害がある」という理由で，一般社会から強制的に遠ざけられていたわけです。このような状況の中で親の会は，知的障害のあるわが子に対して，健常な子どもと同等の生活条件，家庭生活を可能な限り保障したいとの思いから運動を始めました。この運動に尽力したのが，「ノーマライゼーションの父」と呼ばれるバンク-ミケルセン（Bank-Mikkelsen, N. E.）です。彼は，ノーマライゼーションの理念を「その国で障害のない人が普通に生活している通常の状態と，障害がある人の生活状態とを可能なかぎり同じにすること[1]」と定義しました。障害のある人が，できる限りノーマルな条件で通常の生活をすること，当たり前の人間として生き，扱われる基本的権利が確立されることを目指し，この理念をデンマークの法律（「1959年法」）の中に反映させました。

1960年代に入り，スウェーデンのニィリエ（Nirje, B.）が，ノーマライゼーションの理論化を図り，知的障害のある人がノーマルな社会生活を送るための8つの原則を提唱するなど，この理念をさらに発展させました。

さらに，ノーマライゼーションの理念は1960年代後半から1970年代前半にかけて北米へと渡りました。この普及活動に努めたのが，アメリカのヴォルフェンスベルガー（Wolfensberger, W.）です。彼は，国や地域によって文化は異なるという「文化─特定的」という観点から，その国の文化や社会的状況などに応じてノーマライゼーションの理念を考えていかなければならないと主張しました。

北欧で生まれ，北米へと伝わったノーマライゼーションの理念は，やがて世

▶ 1　花村春樹（訳・著）『「ノーマリゼーションの父」N. E. バンク-ミケルセン 増補改訂版』ミネルヴァ書房，1998年，p. 190.

126

界全体に広がっていきました。日本においても，1970年代後半に注目されはじめ，「国際障害者年」（1981年）を契機として徐々に広がりを見せました。今日では，障害者福祉における基本理念としてのみならず，生活，教育，労働，余暇などさまざまな分野でこの考え方が取り入れられています。

2 インクルージョン

　インクルージョンとは，1980年代以降，アメリカにおける障害児教育の分野で注目されるようになった理念です。ノーマライゼーションの理念をもとに，インテグレーションの発展型として提唱されました。インテグレーションもノーマライゼーションから発展した理念の一つですが，これは「統合化」と訳され，障害のある人を分け隔てなく社会の仲間として受け入れていくこと，すべての人があらゆる機会に協力していくことを意味します。ただし，障害のある人が，一般社会に適応できるよう変化することも期待されています。

　これに対してインクルージョンは，「包み込む」という意味をもち，「包摂」や「包容」などと訳されます。障害のあるなしにかかわらず，また能力とも関係なく，すべての人が地域社会において包み込まれ，個々に必要な支援が保障された上で生活していくことを意味しています。

　この理念の根底には，障害のあるなしにかかわらず，もともと社会の中に「含まれている」という考え方があります。ここには，「障害がある」「障害がない」といった区別自体がありません。障害のある人も，最初から一般社会の中に当たり前に存在するものとして考えるのです。人間は一人ひとりユニークな存在であり，違うのが当たり前であることを前提としています。

　実際の福祉や保育，教育などの現場では，誰でもそれぞれに特別なニーズをもっています。たとえば，虐待を受けている子ども，不登校の子ども，さらには「優等生」と呼ばれる子どもであっても，その生活の中身を詳しく調べると，それぞれのニーズがあります。このような個別的なニーズに対する適切な支援の保障が，一人ひとりの個性を尊重することにつながるという考え方が，インクルージョンの理念において重要な点なのです。インクルージョンには，「障

127

害児保育の観点（障害児・者も共に生きる）」だけではなく，「社会的観点（障害児をはじめ，さまざまな人が共に生きる）」からのとらえ方もあります。「社会的観点からのインクルージョンとは，障害者を排除しないで受け入れ，共に生きていこうという意味にのみ限定されるものではない。男の人も女の人も，外国の人も自国の人も，少数民族の人も『色々な人が共に』が本来の意味となる」ことを踏まえておく必要があります。

　なお，この理念は障害者（児）福祉に関する権利宣言や条約，たとえば障害者権利条約（障害者の権利に関する条約）（2006年）などに反映されています。

③　障害者（児）福祉の法律・制度

1 ┃ 障害者（児）福祉に関する主な法律

　障害者（児）福祉に関する法律にはさまざまなものがありますが，その基盤となっているのは障害者基本法です。これには，障害者施策を総合的・効果的に推進するため，基本理念，目的，国・自治体の責務などが明記されています。1993年に，心身障害者対策基本法が改正され制定されたものです。このほか，身体障害者福祉法（1949年），知的障害者福祉法（1960年に精神薄弱者福祉法として制定／1998年に改称），精神保健及び精神障害者福祉に関する法律（1950年に精神衛生法として制定／1987年に精神保健法に改称／1995年に現行名に改称）があります。各障害別（身体障害，知的障害，精神障害）に手帳制度が設けられてお

▷2　堀智晴・橋本好市・直島正樹（編著）『ソーシャルインクルージョンのための障害児保育』ミネルヴァ書房，2014年，p. 2.

▷3　2006年12月13日，国連の第61回総会において採択され，2008年5月3日に発効された。障害者（児）の権利に関する理念，規則などについて，拘束力のある条約として定められたものである。日本は，2007年9月28日に署名をし，2014年1月20日に批准（条約に拘束されることを国が正式に宣言する行為）へと至った。

▷4　2011年8月5日に障害者基本法の一部を改正する法律が公布・施行された（ただし，一部の施行は2012年5月21日）。これは，障害者の権利条約の批准に向けた制度・施策整備の一環であり，同法において「目的」および「定義」の見直しが行われ（第1条および第2条），「地域社会における共生等」（第3条）の条文等が改正されている。

り，身体障害者手帳と精神障害者保健福祉手帳は，それぞれ身体障害者福祉法と精神保健及び精神障害者福祉に関する法律に規定されています。ただし，知的障害のある人を対象とした療育手帳は，知的障害者福祉法ではなく，厚生労働省の通知「療育手帳について（療育手帳制度要綱）」に基づいたものになっています。

　また，障害のある子どもに関する法律としては，児童福祉法（1947年）をはじめ，保健医療領域では母子保健法（1965年）などが挙げられます。

　これらの法律のほか，2002年には身体障害者補助犬法が施行され，補助犬（介助犬，盲導犬，聴導犬）を使用する人は，法律上の根拠に基づく権利として，スーパーマーケットや飲食店など不特定多数の人が利用する施設や電車・バスなどの公共交通機関を利用できることになりました。

　さらには，適切な障害者（児）福祉制度がなく，福祉サービスを利用することができずにいた，自閉症など発達障害のある人に対する支援体制の構築が求められ，2004年には発達障害者支援法が制定されました（施行は2005年，2016年に一部改正）。これによって，法制度に基づいた支援の対象となる障害者（児）の範囲が広がり，2005年に制定（施行は2006年）された障害者自立支援法によって，障害者（児）福祉サービス提供の仕組みも大きく変わることとなりました。

　なお，2012年6月に障害者自立支援法は障害者の日常生活及び社会生活を総合的に支援するための法律（以下，障害者総合支援法）へと名称が改められ（施行は2013年4月），地域社会における共生の実現に向けて，障害福祉サービスの充実など，障害のある人の日常生活および社会生活の支援が総合的かつ計画的に行われることが目指されています。

　その他，2013年には，障害のある人への差別を禁止する法律として，障害者差別解消法が制定されました（施行は一部の附則を除き2016年4月1日）。これは，

▶5　障害者（児）の保健福祉サービスとして，元々は障害者自立支援法で初めて法律上定義された用語である。具体的には，自立支援給付の中の，介護給付と訓練等給付にかかわる諸サービスのことを指す。

障害者基本法の理念を具体化した法律という位置づけであり，2021年には一部改正が行われています（施行は2024年4月1日）。今後，理念だけが先行するのではなく，さらに実質的に機能していくことが期待されます。

2 | 障害者総合支援法の流れとねらい

　障害福祉サービスの利用にあたっては，2003年度から従来の措置制度に代わって支援費制度が導入されました。しかし，導入後早々に，「居宅生活支援」におけるサービス利用者の増加や一人あたりの利用量の増加に伴う財源不足，障害種別（身体障害・知的障害・精神障害）間のサービス利用の格差などの課題が表面化し，見直しを迫られることとなりました。

　そこで，2004年10月，厚生労働省社会・援護局障害保健福祉部によって，「今後の障害保健福祉施策について（改革のグランドデザイン案）」が発表されました。その後，これらを具現化するものとして，2005年10月に障害者自立支援法が制定され，2006年4月から施行へと至りました。

　この法律によって，それまで身体障害，知的障害，精神障害と障害種別ごとに定められていた施設・事業のシステムが全障害に共通するサービスシステムとして再編され，サービスを利用した場合，原則として1割の自己負担をするなど，利用者負担の仕組みも大きく変わることとなりました。

　しかし，サービス利用料の定率1割負担（応益負担）の仕組み，また，全国一律・全障害共通の障害程度区分認定の仕組みなどは，施行当初から問題視されており，法律自体の抜本的改正の必要性が叫ばれていました。そこで，2010年12月の法改正で障害者自立支援法等の一部が改正（2010年から2012年にかけて段階的に施行）され，利用者負担の見直し（原則として応能負担），障害者の範囲の見直し（発達障害を追加）などが行われました。

　その後，新たに総合的な障害者福祉の法制度の創設を目指し，障がい者制度改革推進会議総合福祉部会によって，「障害者総合福祉法の骨格に関する総合福祉部会の提言——新法の制定を目指して（骨格提言）」が取りまとめられました。この骨格提言と障害者基本法の一部を改正する法律（2011年8月公布・

施行）の内容を踏まえる形で，障害者自立支援法に代わる法律制定に向けた検討が進められ，2012年6月には，地域社会における共生の実現に向けて新たな障害保健福祉施策を講ずるための関係法律の整備に関する法律が公布されました。これによって，2013年4月から障害者自立支援法が障害者総合支援法へと名称が改められるとともに，2014年4月からは，共同生活介護（ケアホーム）の共同生活援助（グループホーム）への一元化などが実施されました。

　2016年5月には，「障害者の日常生活及び社会生活を総合的に支援するための法律及び児童福祉法の一部を改正する法律」が成立しました（完全施行は2018年4月1日）。ひとり暮らしを希望する障害のある人（特に知的障害や精神障害のある人）の地域生活を支援する「自立生活援助」というサービスが創設されたほか，就労移行支援事業などを利用後，一般就労に移行した障害のある人の就労定着を目的とした支援を行う「就労定着支援」が創設されるなど，「障害のある人の望む地域生活支援」などを柱とした改正内容となっています。

　2021年3月からは，社会保障審議会障害者部会において議論（障害者総合福祉法改正法成立の際，施行後3年を目処に施行状況などを勘案し，その結果を踏まえて所要の措置を講ずるとされた点について）が進められ，2022年6月に報告書がまとめられました。大きな柱の一つとして地域生活支援の拡充が挙げられ，グループホームの機能強化などが目指されています。

3 ｜ 障害者総合支援法に基づく障害福祉サービス提供の仕組み

　障害者自立支援法では，精神障害のある人に関するサービスも含め，従来の「施設」や「居宅」といった枠組みを越えて，総合的な自立支援システムの構築が目指されました。「自立支援給付」と「地域生活支援事業」を中心的な柱として，障害者福祉のサービス提供の仕組みが再編されました。その後，障害者総合支援法においても，その基本的な仕組みは概ね引き継がれています（図11-3）。

　「自立支援給付」は，大きく①介護給付，②訓練等給付，③相談支援給付，④自立支援医療，⑤補装具などに分けられます。たとえば，介護給付に該当す

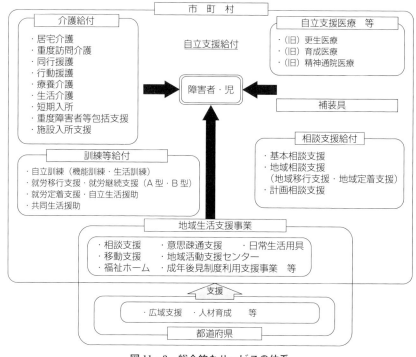

図 11 - 3　総合的なサービスの体系

注：自立支援医療のうち（旧）精神通院医療の実施主体は都道府県等。
出所：厚生労働統計協会（編）『国民の福祉と介護の動向 2023/2024』2023年，p.156. を一部改変。

るサービスには，居宅介護（ホームヘルプ），短期入所（ショートステイ）など
があります。訓練等給付には，自立訓練（機能訓練・生活訓練），共同生活援助
（グループホーム）などのサービスがあります。

　介護給付を受ける場合は障害支援区分の認定を受ける必要があり，その認定
結果によって利用できるサービスが異なることもあります。ただし，基本的に
は障害のある人自身がどのサービスを利用するかを選択できる仕組みになって

▶6　障害の程度（重さ）ではなく，標準的な支援の必要の度合を示す区分を意味する。そのことを
　　より明確にする意図から，障害者総合支援法第4条第4項においては，「障害者等の障害の多様
　　な特性その他の心身の状態に応じて必要とされる標準的な支援の度合を総合的に示すものとして
　　厚生労働省令で定める区分」と定義され，「障害程度区分」から「障害支援区分」へと名称が改
　　められた（施行は2014年4月）。

います。

4 ｜ 障害者総合支援法の問題点と今後考えるべきこと

「障害のある人自身が利用しやすいサービス提供体制をつくる」という考えのもと，障害者自立支援法が施行され，さらに障害者総合支援法へと改められましたが，依然，多くの検討課題も残されています。たとえば，サービス利用料の負担，全国一律・全障害共通の障害支援区分認定に関する課題です。

第1の利用料負担については，障害者自立支援法の施行により，従来の障害のある人の所得に応じた利用者負担の仕組み（応能負担）から，サービス利用量と所得に着目した定率1割負担の仕組み（応益負担）となりました。これにより，障害の重い人や複数のサービスを必要とする人など，サービスをより多く受ける必要のあるケースほど，利用料の負担が増える結果となりました。支援費制度の時よりも負担が増し，それまで利用していたサービスを変更せざるを得ないケースも見られました。このような状況の中，2010年の障害者自立支援法の一部改正によって，再び応能負担方式が採用されることとなりました。障害者総合支援法においても，引き続きこの仕組みが適用されています。ただし，食費・光熱費の実費負担の仕組みは残るなど，まだまだ検討すべき点があります。

第2の障害支援区分認定については，障害者自立支援法の施行当初から，身体障害，知的障害，精神障害といった障害種別によって異なる障害特性やニーズなどを一律の区分によって把握し，サービス利用に反映できるのかといった点が問題視されていました。とくに，知的障害・精神障害の部分で認定が軽くなる傾向があり，「障害のある人が自身でサービスを選択できる仕組み」と言いながら，適切なサービス利用に結びつかないといった状況も，実際に見られました。そこで，障害者総合支援法では，知的障害・精神障害の特徴が反映される仕組みに改められることとなりました。ただし，現在のところ，具体的な改善方法の検討が進められているものの，利用者の立場から見ると，決して十分とはいえません。さらに検討を重ねた上で，現実的に利用者一人ひとりのニ

ーズに応じたサービスを提供できる仕組みづくり・整備が必要です。

　今後も引き続き，障害者総合支援法の一部改正，あるいは抜本的な改正が行われる可能性があります。ここで重要になるのは，「誰にとって利用しやすいサービス提供の仕組みであるべきか」を考えることです。「行政にとって扱いやすい」ものではなく，実際にサービスを利用する障害のある人の立場で利用しやすいものであることが必要です。障害者自立支援法から障害者総合支援法へと変わり，一部改正が行われた現在でも，依然として，骨格提言と障害者基本法の一部を改正する法律の内容を踏まえる形にはなっていない，障害のある人の立場で考えられていないともいわれています。「障害」のとらえ方・考え方が見直されはじめ，また，障害者権利条約が国連で採択され，日本も批准をするなど，障害のある人の権利を尊重することが大切であるとされてきています。そのような中，保育士を含め社会福祉専門職は，とくにその点を意識し，考えていくことが求められます。

本章のまとめ

　「障害」について誰もが正しく理解し，差別・偏見を社会からなくすことが大切です。法律・制度面などにおいて，まだまだ多くの課題がある中で，まずは，一人ひとりが「障害」に対する理解を深める姿勢が重要になります。

■ 参考文献

厚生労働統計協会（編）『国民の福祉と介護の動向 2023/2024』2023年。
内閣府（編）『障害者白書 令和5年版』勝美印刷，2023年。
直島正樹・原田旬哉（編）『図解で学ぶ保育 社会福祉 第3版』萌文書林，2022年。

第 12 章

地域福祉

● ● ●

ポイント

1 地域福祉の考え方
2 地域福祉を支える機関・団体
3 地域福祉活動の内容

1 地域福祉とは

1 | 地域福祉の登場

　地域福祉という考え方は，ノーマライゼーション，コミュニティケア，公民権運動などの影響を受けて発達してきました。日本では，戦前の地域の隣組や結いなどの相互扶助や，方面委員制度による方面委員活動，セツルメント活動などが地域福祉のはじまりであるといわれています。

　1962年には，全国社会福祉協議会が社会福祉協議会の活動の方向を示した「社会福祉協議会基本要項」を定めています。基本要項では，社会福祉協議会の担うべき機能として「住民主体の原則」のもと，組織活動として行う地域住民の協働促進や関係機関・団体・施設との連絡・調整，社会資源の育成などを

▷1　町内会の下に属して，近隣の数軒が一つの単位となって，葬祭・婚礼・日常生活などの助け合い活動を行う地域組織。
▷2　農村などで家同士の間で労働力を貸し合う風習で，田植えや稲刈りなどの農作業を共同で行う組織。
▷3　1918年に大阪府で創設された組織的な救済補助制度。小学校通学区域を一つの方面として，一方面に無報酬の方面委員を配置し，貧困者の実態を調査して個人保護を行った。
▷4　貧困地域であるスラム街に住み込んで，貧困者との隣人関係を通じて人格的接触を図り，問題の解決を目指した民間有志の活動。

135

挙げています。

　戦後の社会福祉は，1970年頃までは経済的貧困者に対する金銭給付が中心で，その後，1990年頃までは所得保障と入所型の施設サービス提供が行われてきました。

　1980年代になると，入所型の施設から退所して地域で継続的に生活しようとする障害者自身の運動が起こり，その運動に支えられて障害者が自立生活を行うようになりました。高齢者分野でも，虚弱高齢者や認知症高齢者の生活支援として，見守りや配食サービス，介護をしている家族が相互に協力し合う活動などがみられました。

　このような入所施設を中心とした福祉から在宅福祉への移行は，財政や地方分権の影響を受けて，1990年の社会福祉関係八法改正などにより，政策としても地域を基盤とした福祉サービスを提供するように方向づけられました。

2 ｜ 地域福祉の意義

　2000年の，社会福祉の増進のための社会福祉事業法等の一部を改正する法律によって，戦後の社会福祉の仕組みが抜本的に変更されました。改正の主な目的は地域福祉の推進で，これからの社会福祉は地域社会を基盤として政策・制度，福祉サービスの提供を行うというものです。

　地域福祉の推進主体として，地域住民，社会福祉を目的とする事業を経営する者，社会福祉に関する活動を行う者が挙げられ，相互に協力することとされています。つまり，それぞれの地域社会に合った社会福祉を地域住民が主体となって実現するため，地域社会の社会福祉法人，NPO法人，民間企業，生活協同組合，農業協同組合など社会福祉を目的とする事業者や，ボランティア，民生委員児童委員など地域で福祉活動を行う者が参加し，協働することによっ

▶5　社会福祉法第4条第2項で，「地域住民，社会福祉を目的とする事業を経営する者及び社会福祉に関する活動を行う者は，相互に協力し，福祉サービスを必要とする地域住民が地域社会を構成する一員として日常生活を営み，社会，経済，文化その他あらゆる分野の活動に参加する機会が確保されるように，地域福祉の推進に努めなければならない」と規定している。

て進めていこうというものです。

　2020年の社会福祉法改正では，共生社会の実現を目指し，市町村が行う重層的支援体制整備事業が創設されています。この事業は，高齢，障害，子どもといった属性や世代に関係なく，相談支援，参加支援，地域づくり支援を行うもので，各事業が重なり合いながら本人に寄り添い伴走する支援体制の構築を目指しています。

② 地域福祉を支える機関・団体

1 社会福祉協議会

　社会福祉協議会は，社会福祉法で地域福祉の推進役として位置づけられた，社会福祉活動を推進することを目的とした民間の団体です。社会福祉協議会は，全国社会福祉協議会が中央機関として設置されているほか，全国の都道府県，市区町村にも設置されています。2020年4月1日現在で，全国1か所，都道府県67か所，市区町村1,825か所にそれぞれ設置されています。

　全国社会福祉協議会は，調査研究や国と都道府県社会福祉協議会との連絡・調整や活動支援などを行っています。

　都道府県社会福祉協議会は，市区町村社会福祉協議会，社会福祉施設，地域団体などによって構成されています。都道府県社会福祉協議会の活動は，①福祉事業者・従事者の支援，②生活困窮者の支援，③福祉サービス利用者の支援に分けることができます。福祉関係者の支援には，社会福祉事業従事者の養成・研修，社会福祉事業者への指導・助言，市区町村社会福祉協議会の相互の連絡や事業の調整などのほか，ボランティア活動の支援や福祉職に就職を希望する者への支援などがあります。生活困窮者への支援は，低所得者・高齢者・障害者世帯に対して経済的な自立や生活の安定を図ることを目的に，低利による資金の貸付けを行っています。福祉サービス利用者の支援には，日常生活自立支援事業，福祉サービスに関する苦情解決事業などがあります。

表 12 - 1　市区町村社会福祉協議会の主な活動

地域福祉の推進	・小地域福祉活動の推進 　　ふれあいサロン，いきいきサロン活動 ・当事者，家族の組織化 ・市町村地域福祉計画の策定 ・日常生活自立支援事業（旧 地域福祉権利擁護事業）
在宅福祉サービスの推進	・介護保険法に基づく指定居宅サービス事業 　　ホームヘルプサービス（指定訪問介護事業所） 　　デイサービス（指定通所介護事業所） 　　訪問入浴サービス（指定訪問入浴介護事業所） 　　ケアマネジメント（指定居宅介護支援事業所） ・市区町村からの委託事業や自主事業 　　外出支援サービス 　　障害者，高齢者，障害児を抱える家庭へのホームヘルプサービス 　　児童館，子育て支援センターの運営
ボランティア活動の推進	・ボランティアセンターの運営 　　ボランティアの育成，調整，情報提供，相談 ・福祉教育の推進 　　小・中・高校の福祉協力校の指定や福祉体験教室などの実施 ・災害ボランティアセンター

出所：筆者作成。

　市区町村社会福祉協議会は，その地域に住んでいるすべての住民を会員とし，民生委員児童委員，社会福祉施設など社会福祉関係機関，保健・医療・教育など関係機関の参加・協力によって，福祉のまちづくりを目指した活動をしています（表 12 - 1）。たとえば，相談活動や各種の福祉サービス提供，ボランティアや市民活動の支援，共同募金運動への協力などがあります。

　市区町村社会福祉協議会には，地域住民の参加による地域福祉の推進のために，福祉活動専門員がコミュニティワーカーとして配置され，区域での民間の社会福祉活動について調査・企画および連絡調整などを行っています。その財源は，会費を徴収するほか，国・地方自治体からの補助金，委託金，共同募金の配分金，寄附金，事業収入などです。

　また，これまで事業型社会福祉協議会として市区町村から在宅福祉サービス

を受託していましたが，介護保険制度の実施後は，介護保険サービス事業者として他の事業者と競合することになりました。このため，市区町村社会福祉協議会の活動は，地域福祉の推進機関としての公益性と，介護サービスなど事業者としての収益性が課題となっています。

2│社会福祉施設

　これまで社会福祉施設は，特定のニーズをもった人が地域から離れて生活するというイメージが強くありました。しかし現在では，入居施設だけではなく，通所型，利用型などさまざまな施設形態があり，特定のニーズをもった人だけではなく，利用する層も広がっています。このため，施設で生活している人も地域で暮らす一員として考えられるようになってきています。社会福祉施設が地域住民にとってより身近な存在となるために，①施設機能の地域化，②施設の地域拠点化，③施設入居者の地域住民化，④施設の社会化，といった課題が考えられます。

　第1の施設機能の地域化とは，施設の専門的なサービスを，施設の利用者だけではなく，地域住民にも提供することです。たとえば，入居施設にはデイサービスやショートステイ，トワイライトステイなどのサービスがあります。第2の施設の地域拠点化とは，施設が，利用者にサービスを提供するだけではなく，地域の社会資源として果たす役割です。たとえば，専門性を活かした地域住民への相談活動や施設設備を一般に開放することなどがあります。第3の施設入居者の地域住民化とは，施設の入居者が地域の一員として生活をすることです。たとえば，地域住民との交流や地域行事への参加などがあります。第4の施設の社会化とは，施設運営について地域住民に参加を求めることです。たとえば，社会福祉法人の役員に地域住民を加えることや，施設利用者の権利擁護・権利保障のために地域住民を加えた第三者委員会を設置すること，ボランティアの活用などがあります。

表 12 - 2　民生委員児童委員および主任児童委員の配置基準

区　分		民生委員児童委員配置数
民生委員 児童委員	東京都区部および指定都市	220〜440世帯ごとに1人
	中核市および人口10万人以上の市	170〜360世帯ごとに1人
	人口10万人未満の市	120〜280世帯ごとに1人
	町村	70〜200世帯ごとに1人
	民生委員協議会の規模	主任児童委員の定数
主任児童委員	民生委員児童委員の定数39以下	2人
	民生委員児童委員の定数40以上	3人

3 | 民生委員児童委員

　民生委員制度は，1917（大正 6 ）年に岡山県で創設された済世顧問制度と[6]，1918（大正 7 ）年に大阪府で創設された方面委員制度をはじまりとしています。これらの制度に続く民生委員は，最小単位で住民の生活状況を把握する社会診断の役割を担っていること，民間人が社会福祉活動に参加することなどから，地域福祉の始まりの一つといわれます。

　民生委員は地域の一定区域を担当し，その区域内の住民の生活状況を把握して，自立した日常生活を営むことができるように相談，助言，情報提供を行うほか，必要に応じて福祉事務所や社会福祉協議会と協力して住民の福祉増進のために活動しています。都道府県知事の推薦により厚生労働大臣が委嘱し，任期は 3 年で給与は支給されません。民生委員法では，児童福祉法で定める児童委員も兼ねることとなっています。つまり，すべての民生委員は児童委員の役割も果たすということになります。

　子どもに関連する仕事としては，担当区域の子ども・妊産婦の生活やそれを取り巻く環境を適切に把握し，保護や保健その他の福祉に関して必要な情報を提供したり，児童福祉司や社会福祉主事に協力して子どもと家庭の福祉増進のために活動しています。

▶ 6　1917年に岡山県の知事であった笠井信一が創設した貧民救済制度。創設の際には，ドイツのエーバーフェルト市で実施されていた救貧制度が参考にされた。

　また，地域での非行問題や子育て不安，子ども虐待への対応として，子ども家庭福祉に関する事項を地域で専門的に担当する主任児童委員が1994年に設置されています（表12-2）。その後，主任児童委員は2001年の児童福祉法改正で法定化されました。このように民生委員児童委員，主任児童委員は，地域福祉の担い手として重要な位置を占めています。

4│ボランティアセンター

　ボランティアセンターは，ボランティア活動を支援しボランティア活動推進のための基盤整備を行う機関です。1962年に徳島県に設置された善意銀行が日本でのボランティアセンターの原型といわれています。情報提供や調査活動による住民参加の促進とニーズの開拓，ボランティアの研修，相談機能を充実する必要性が認識されるようになり，ボランティアセンターの機能と運営体制を備えた機関づくりが進められました。ボランティアセンターは，社会福祉協議会や民間のボランティア協会，大学などが設置しています。

　ボランティアセンターの活動には，①ボランティア活動の情報把握・提供，②活動参加への支援，③活動への支援と基盤整備，④プログラムの開発・実施，⑤推進ネットワークづくり，などがあります。

　第1のボランティア活動の情報把握・提供には，ボランティア活動を行っている団体や活動助成金などの情報把握と提供などがあります。第2の活動参加への支援には，ボランティア活動に興味・関心がある人への体験プログラムや活動先の紹介などがあります。第3の活動への支援と基盤整備には，研修・学習支援や活動拠点・機材の貸与・提供などがあります。第4のプログラムの開発・実施には，連絡会などの組織化や福祉教育の推進などがあります。第5の推進ネットワークづくりには，住民や活動推進にかかわる機関・団体などとの連絡・調整があります。

5│NPO法人

　自発的な意思に基づいて社会活動を行うボランティア活動と共通性をもった

表12-3　NPO法に定められた活動分野と法人数

（2023年3月31日現在）

活動の種類	法人数
1. 保健・医療又は福祉の増進を図る活動	29,396
2. 社会教育の推進を図る活動	24,542
3. まちづくりの推進を図る活動	22,326
4. 観光の振興を図る活動	3,449
5. 農山漁村又は中山間地域の振興を図る活動	2,972
6. 学術，文化，芸術又はスポーツの振興を図る活動	18,180
7. 環境の保全を図る活動	13,036
8. 災害救援活動	4,289
9. 地域安全活動	6,272
10. 人権の擁護又は平和の推進を図る活動	8,918
11. 国際協力の活動	9,137
12. 男女共同参画社会の形成の促進を図る活動	4,829
13. 子どもの健全育成を図る活動	24,358
14. 情報化社会の発展を図る活動	5,544
15. 科学技術の振興を図る活動	2,775
16. 経済活動の活性化を図る活動	8,866
17. 職業能力の開発又は雇用機会の拡充を支援する活動	12,761
18. 消費者の保護を図る活動	2,831
19. 前各号に掲げる活動を行う団体の運営又は活動に関する連絡，助言又は援助の活動	23,538
20. 前各号に掲げる活動に準ずる活動として都道府県又は指定都市の条例で定める活動	324

注：活動分野が複数ある団体がある。
出所：内閣府NPO HP（https://www.npo-homepage.go.jp/about/toukei-info/nin shou-bunyabetsu）。

団体にNPO（Non-Profit Organization：民間非営利組織）があります。NPOの特徴は，①組織化されていること，②民間であること，③利益配分をしないこと，④自己統治・自己決定していること，⑤自発的であること，⑥非宗教的であること，⑦非政治的であること，などが挙げられます。

　日本では，阪神・淡路大震災後の1998年に特定非営利活動促進法（NPO法）が成立しました。この法律により，任意団体として活動してきたボランティア団体や住民参加型福祉サービス団体などの法人格取得が可能となり，社会的な権利が認められやすくなりました。また，この法律は，組織的，継続的に活動

できることを目的としています。

　NPO 法では，特定非営利活動として18分野とそれらの分野で活動を行う団体の運営や連絡・助言・援助をする活動，都道府県・指定都市の条例で定める活動を定めています。NPO 法に定められた活動分野と法人数は，表 12-3 のとおりです。このうち福祉分野については保健，医療又は福祉の増進を図る活動で NPO 法人格を取得して，介護保険事業の指定事業者として活動する福祉 NPO も多くあります。

③　地域福祉活動の内容

1 ふれあいまちづくり事業

　ふれあいまちづくり事業は，地域福祉を推進する市区町村社会福祉協議会の役割を具体的にするために1991年度から実施されています。

　指定を受けた市区町村社会福祉協議会では，地域福祉活動コーディネーターを配置して，ふれあい福祉センターでの相談や住民の福祉ニーズの把握に努めます。把握したニーズに対応するために関係機関と連携して福祉サービスなどの利用につなげるとともに，近隣の住民による見守りや助け合い活動などの小地域福祉ネットワーク活動を推進する取り組みです。

　小地域ネットワークの対象は，ひとり暮らしの高齢者や認知症高齢者，身体障害者，精神障害者，知的障害者，ひとり親家庭など，地域で生活支援が必要なすべての人です。これらの人たちが地域で生活を継続するために，市区町村社会福祉協議会が地域住民に呼びかけてネットワークを結び，見守り，助け合いなどの活動をしています。

　また，ふれあい・いきいきサロンは，身近な場所でボランティアと参加者が協働で企画・運営する活動として，地区社会福祉協議会や小地域福祉ネットワーク単位で開催しています。

　サロンは，公民館やコミュニティセンター，学校の空き教室，社会福祉施設

などを利用して開催されます。対象は，高齢者，障害者，子どもとその親など地域住民全般で，活動は，お茶やおしゃべり，体操，手芸などさまざまな活動を通した交流・仲間づくりの場です。サロンへの参加は，社会参加の一つであり，地域住民同士のふれあいを深めるだけではなく，福祉ニーズ把握や助け合い活動などにも発展します。

2 │ 地域福祉計画の策定

　社会福祉に関する行政計画は，高齢者福祉の分野で1989年に策定された「高齢者保健福祉推進十か年戦略（ゴールドプラン）」に始まります。子ども家庭福祉の分野では，1994年に「エンゼルプラン」，障害者福祉の分野では，1995年に「障害者プラン」が策定されています。

　地域福祉計画は，このような各分野の行政計画を踏まえて，地域福祉を推進していくために策定する行政計画です。社会福祉法では，2003年度から住民主体の地域福祉を推進するために，市区町村に「地域福祉計画」，都道府県に「地域福祉支援計画」の策定を定めています。2018年の社会福祉法改正では，計画策定が努力義務化され，「地域における高齢者の福祉，障害者の福祉，児童の福祉その他の福祉に関し，共通して取り組むべき事項」（第107条第1項第1号）を記載する上位計画に位置づけられました。

　地域福祉計画の策定状況は，表12-4のとおり，市区地域福祉計画が策定済みと策定予定で97.1％，町村地域福祉計画が策定済みと策定予定で83.2％，都道府県地域福祉支援計画は策定済みで100.0％という状況です。

　市区町村地域福祉計画策定の内容は，①基本理念，②福祉サービスの目標量・供給体制の整備について，③情報提供・総合相談・権利擁護などサービス利用支援事業について，④住民の自主的福祉活動の推進と公的施策との連携について，⑤要援護者の支援方策について，などを定めることになっています。

　地域福祉計画は住民参加・参画によって策定し，住民の意見を反映した内容にすることが求められます。また，行政主導で行う形式的な計画策定委員会への住民参加ではなく，福祉サービス利用者や公募による住民代表を含めて協議

表12-4　地域福祉計画の策定状況

(ア)　市区町村の地域福祉計画　　　　　　　（2022年4月1日現在）

	策定済み	策定予定	策定未定	計
市区	775 (95.1%)	16 (2.0%)	24 (2.9%)	815
町村	701 (75.7%)	69 (7.5%)	156 (16.8%)	926
計	1,476 (84.8%)	85 (4.9%)	180 (10.3%)	1,741

(イ)　都道府県地域福祉支援計画　　　　　　（2022年4月1日現在）

策定済み	策定予定	策定未定	計
47 (100.0%)	0 (0.0%)	0 (0.0%)	47

出所：厚生労働省社会援護局「地域福祉計画の策定状況について」(https://www.mhlw.go.jp/content/houkokusho2.pdf)。

することが重要になります。

3 ｜ 生活困窮者の自立生活支援

　生活保護の受給に至る前に生活困窮者の自立生活を支援するために，2013年に生活困窮者自立支援法が成立しました。福祉事務所を設置している自治体や委託を受けた社会福祉協議会，社会福祉法人，NPO法人などが，生活困窮者に対して，就労や自立に関する相談支援や，離職などにより住宅を失った場合に家賃相当の住居確保給付金（有期）の支給を行うことで，地域で自立した生活が継続できるように支援する制度です。この他，生活困窮者に対する就労訓練や生活困窮家庭の子どもへの学習支援なども行います。

　2015年4月から実施されているこの生活困窮者自立支援制度では，生活困窮者の自立と尊厳を確保するとともに，生活困窮者への支援を通じた地域ネットワークを構築することで，地域住民が相互に支え合う地域づくりが目指されています。

　2020年の社会福祉法改正では，共生社会の実現を目指して厚生労働省が重層的支援体制整備事業（社会福祉法第106条の4第2項）を創設しています。この事業は，市町村において地域住民の複雑化・複合化した支援ニーズに包括的に対応するため，多機関の協働による高齢，障害，子どもといった「属性を問わ

ない相談支援」，困難を抱える人のニーズをふまえたメニューを提供し社会とのつながりを作るための「参加支援」，世代や属性を超えて交流できる場や居場所を整備する「地域づくり支援」を行うものです。従来，分野（子ども・子育て，障害，介護，生活困窮）ごとに行われていた各事業が重なり合いながら本人に寄り添い伴走する一体的な支援体制の構築を目指しています。

　また，こども家庭庁においても，市町村が妊婦や子育て家庭を支援するため，妊娠期から出産・子育てまでの見通しを立てるために一貫して身近で相談に応じ，継続的な情報提供を行うことで必要な支援につなぐ「伴走型相談支援」の充実を図っています。それとともに妊娠届出や出生届出を行った妊婦等に対し，出産育児関連用品の購入費助成や子育て支援サービスの利用負担軽減を図る経済的支援を実施しています。妊娠時から出産・子育てまで，伴走型の相談支援と経済的な支援を組み合わせることで，相談実施機関を利用しやすくして必要なサービスに結びつけることで，すべての妊婦・子育て家庭が安心して出産・子育てができる環境整備を目指しています。

┃**本章のまとめ**┃

　地域福祉の担い手は地域住民です。住民が福祉問題を共有して自分の問題として取り組むには，市区町村社会福祉協議会や地域福祉活動に取り組む民間団体などによる専門的な支援が必要です。

■**参考文献**

上野谷加代子・松端克文・永田祐（編著）『新版 よくわかる地域福祉』ミネルヴァ書房，2019年。

古川孝順『社会福祉原論』誠信書房，2003年。

山田勝美・艮香織（編）『新版 子ども家庭福祉』建帛社，2019年。

第 13 章

利用者保護制度

• • •

ポイント

1 利用者の権利擁護としての成年後見制度の仕組み
2 成年後見制度を補完するものとしての日常生活自立支援事業の仕組み
3 苦情解決の制度，第三者評価制度

1 利用者保護の背景

1 福祉サービスの直接契約制

　福祉サービスの利用者保護といっても，その内容は多岐にわたります。福祉サービスについて十分な情報を提供すること，施設に入所している高齢者や子ども，障害者が虐待されるのを防止することなど，さまざまなものが思い浮かべられますが，本章では，成年後見制度と日常生活自立支援事業を取り上げます。

　最近，福祉サービスの利用においては，利用者の権利擁護や自立支援が重視されています。ノーマライゼーション，自己決定などを尊重する観点から，利用者の権利擁護や自立を積極的に達成することが求められているのです。

　利用者の権利擁護が求められるようになった背景として，1990年代後半から進められてきた，いわゆる「社会福祉基礎構造改革」における福祉サービスへの契約制度の導入が挙げられます。1998年6月に当時の厚生省の中央社会福祉審議会社会福祉構造改革分科会がまとめた「中間まとめ」では，幅広い要望に応える多様な主体の参入促進，サービス利用者と提供者の対等な関係が掲げられました。つまり，サービス事業者を多様化させると同時に，利用者がさまざ

まな事業者を選択し，事業者と直接契約した上でサービス提供を受けることが目指されたのです。

　こうした改革は，高齢者福祉分野の介護保険制度や障害者福祉分野の支援費制度でも具体化されていきました。従来は措置制度で，行政が利用を決めていましたが，サービスの内容を，利用者が自分で決定する仕組みへと切り替わっていったのです（第5章参照）。

2│これまでの利用者保護

　こうした利用者の選択・決定はもちろん歓迎すべきことでしょう。しかしながら，一方で，認知症の高齢者や知的障害者・精神障害者といった人に，サービスの決定と責任をすべて押しつけることには問題がありそうです。たとえば，判断能力が十分でない高齢者に，明らかに不必要な介護サービスをたくさん押しつけて利益をあげようとする福祉サービス事業者が出てくるかもしれません。

　従来，こうした場合には，禁治産・準禁治産制度がありました。禁治産宣告は「心神喪失ノ常況」にある者について，家庭裁判所が行うものです。「心神喪失ノ常況」とは，自分の行為の結果について合理的判断をすることができない状態が日常化していることです。準禁治産宣告は「心神耗弱者」に行われるものです。「心神耗弱」とは，判断能力が不完全な状態を指します。こういう場合，本人や配偶者などから請求があれば，家庭裁判所は後見人や保佐人を選任して財産の管理や法律行為の代理をまかせることができました。

　しかし，禁治産・準禁治産宣告の戸籍への記載の問題や，適用要件が重く，軽度の認知症などの人がなかなか認められないなどの問題があり，支援が必要な人が十分に制度を利用できない状態にあったといわれています。

　そこで，1999年の民法改正などにより，禁治産・準禁治産制度は廃止され，新しい成年後見制度が開始されることになりました。

② 成年後見制度

1 ｜ 成年後見制度の枠組み

　成年後見制度は，法定後見制度と任意後見制度に分かれます。法定後見制度は，本人や配偶者，一定範囲の親族などが家庭裁判所に申立てを行って，家庭裁判所から認められれば，後見人など法律行為に関しての援助者がつけられる制度です。法定後見制度の枠組みは，「後見」「保佐」「補助」の３つに分類することができます。「後見」は従来の禁治産にあたるもので，精神上の障害によって判断能力を欠く常況にある人に対してなされます。「保佐」は従来の準禁治産にあたるもので，合理的な判断能力が著しく不十分な人が対象となります。また新たに「補助」の類型が設けられ，後見や保佐が必要なほどではないが判断能力が不十分である，という人も，法定後見制度を利用することが可能になりました（表13‐1）。

　３類型のうち，補助の場合を考えてみましょう。判断能力が不十分な人が自ら補助を請求した場合，裁判所に認められれば，本人は被補助人，援助する人は補助人と呼ばれます。補助人には，裁判所が認めた範囲の同意権・取消権，代理権が付与されることになります。同意権・取消権とは，被補助人が契約等の法律行為を行うにあたって補助人の同意が必要であり，同意がないまま被補助人が法律行為を行った場合には，被補助人または補助人がその法律行為を取り消すことができる権限です。また，代理権とは，本人に代わって特定の法律行為を行う法律上の地位ないし資格で，代理権を付与された補助人が，被補助人の生活に必要な契約等を行い，被補助人を援助することができるというものです。補助は，被補助人の判断能力に大きな問題がない場合が想定されているので，補助人には，民法第13条第１項に定められている重大な法律行為の一部について同意権・取消権が認められ，必要な範囲で代理権が認められます。ただし，すべてが付与されるとは限らず，同意権・取消権のみ与えられ，代理権

表 13-1　法定後見制度の3類型

	事理弁識能力	行為能力の制限の内容	保護機関の名称・人数・選任手続	保護機関の権限		
				代理権	同意権	取消権
（成年）後見	欠く常況	当然に一般的に制限される。例外は9条但書。	成年後見人。一人または複数を裁判所が選任する。	○＊	―	○
保佐	著しく不十分	当然に一定の範囲で制限される（13条1項）。裁判所による創設的制限も可能（同条2項）。	保佐人。一人または複数を裁判所が選任する。	△＊	○	○
補助	不十分	制限されないのが原則。裁判所の創設的・例外的制限が可能とされる。	補助人。一人または複数を裁判所が選任する。	△＊	△	○

注：○印は，当然に権限が存するものとされることを示す（取消権の欄では，同意を要するとされる行為を本人が同意・許可なくした場合に取消権が認められることを示す）。△印は，家庭裁判所が審判で権限を与えることが可能であることを示す。＊印は，代理権の行使にあたり本人の意思を尊重すべき旨の定めがあることの表示である。

出所：山野目章夫『民法——総則・物権　第8版』有斐閣，2022年，p.45.一部修正。

は与えられないといった場合もあります。

　保佐の場合は，保佐人の同意や取消しが必要となる法律行為の対象は，不動産など重要な財産の売買等，民法第13条第1項に定められた重大な法律行為に拡大します。補助→保佐→後見の順に，援助する人の援助できる範囲が拡大していくのです。

　任意後見制度は，法定後見制度の枠組みによらない成年後見です。本人の判断能力が低下する前に，本人が援助を行う人に代理権を与えて，自分が将来的に判断能力が不十分になった場合における財産管理等の事務処理を委任することができます。任意後見が始まっても，それだけでは本人の行為能力は制限されないので，任意後見人には同意権・取消権がありません。

　なお，成年に達していない未成年者についても未成年後見制度があります。未成年者については，一般的にはその親が親権者として保護することになりますが，親がいなかったり，虐待などの問題がある場合には，家庭裁判所によっ

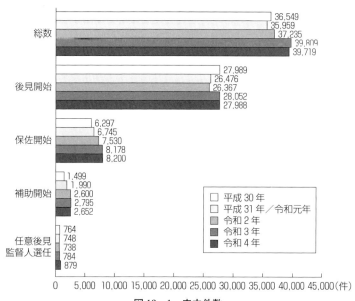

図 13-1　申立件数

注：各年の件数は，それぞれ当該年の1月から12月までに申立てのあった件数である。
出所：最高裁判所事務総局家庭局「成年後見関係事件の概況（令和4年1月～12月）」2023年。

て選任された未成年後見人が，未成年者の保護や財産管理を行うことができます。

2│成年後見制度の現状

　新しい成年後見制度が導入される以前，1999年の段階では，禁治産宣告の申立件数は2,963件，準禁治産宣告の申立ては671件でした。2022年の成年後見関係の申立総数は約4万件となっており，制度改変により，利用は大幅に増大しました（図13-1）。

　しかしながら，図13-1にもみられるように，「後見」「保佐」「補助」の3類型のうち，後見の占める割合が非常に多いことがわかります。新しい制度を導入した目的の一つであった，軽度の認知症高齢者や精神障害者，知的障害者の人の利用が期待された補助はあまり増加していません。より多くの国民が利用しやすい制度になるように検討していく必要があります。

③ 日常生活自立支援事業など

1 │ 日常生活自立支援事業

　利用者保護の仕組みとして，成年後見制度とともに日常生活自立支援事業を挙げることができます。この制度はかつては地域福祉権利擁護事業という名称で呼ばれていましたが，2007年4月から日常生活自立支援事業へと変更されました。これは軽度の認知症高齢者，知的障害者，精神障害者の人で判断能力が十分でない人に対して，福祉サービスの利用援助などを行い，自立した生活を送れるように支援するための制度です。

　日常生活自立支援事業は，判断能力が不十分な人の権利擁護という点で，成年後見制度を補完するものといえます。そのため，成年後見制度と共通する部分が多くありますが，異なる点もあります（表13‐2）。成年後見制度と異なる点としては，まず第1に，社会福祉協議会が事業の中心的な実施主体になる点です。都道府県社会福祉協議会（および指定都市社会福祉協議会）が実施主体となりますが，手続きの開始は市区町村社会福祉協議会（基幹的社会福祉協議会）が窓口となります。

　第2に，援助の対象や内容において異なる部分があります。日常生活自立支援事業の対象は日常生活を営むのに支障がある人です。援助内容は，福祉サービスの利用援助，福祉サービスを利用する際の苦情解決制度の利用援助，住宅改造・居住家屋の賃借など日常生活上の消費契約の援助などです。これらの援助に関係する預貯金の払い戻しといった日常的金銭管理，書類の預かり，定期的な訪問，などが具体的な援助内容となります。成年後見制度での後見にあたるような判断能力を欠く人や，重要な不動産の売買は対象としていません。

　日常生活自立支援事業も，年々，利用者が増加しています。2000年度には，延べ相談件数は4万2,504件でしたが，2021年度にはその数は228万8,030件にまで増大しました。利用者と社会福祉協議会が新規利用契約した件数は2000年

表 13 - 2　日常生活自立支援事業と成年後見制度

	日常生活自立支援事業		補助・保佐・成年後見制度 （法定後見制度）	
所轄庁	厚生労働省		法務省	
法的根拠	社会福祉法，厚生労働省社会・援護局通知等		民法等，政省令，家事審判規則等	
対象者	認知症高齢者，知的障害者，精神障害者等のうち判断能力が不十分な者		精神上の障害による事理を弁識する能力が	不十分な者＝補助 著しく不十分な者＝保佐 欠く常況にある者＝後見
担い手・機関の名称	本人	利用者	本人	被補助人・被保佐人・成年被後見人
	援助機関	基幹的社会福祉協議会（法人）	保護者複数可	補助人・保佐人・成年後見人 （親族，弁護士，司法書士，ソーシャルワーカー等，及び法人）
手続きのはじまり	社会福祉協議会に申し込む （本人，関係者・機関，家族等）		裁判所に申立（本人，配偶者，4 親等以内の親族，検察官，市町村長等〔福祉関係の行政機関は整備法で規定〕）	
援助（保護の特徴）	生活に必要不可欠な福祉サービスの利用に関する情報提供，相談と代行（一部代理）		法律行為を行う保護・支援制度 代理，取消し，同意	
援助（保護）の種類，方法	相談	福祉サービスの情報提供，助言など相談による福祉サービスの利用手続き援助	相談	規定なし
	法律行為・財産管理・福祉契約等	○日常金銭管理 ・日常金銭管理に伴う預貯金の払い出し等の代理，代行 ・福祉サービス利用料支払いの便宜の供与 ○書類等の預かり ・証書等の保管により，紛失を防ぎ，福祉サービスの円滑な利用を支える ○社会福祉事業等の在宅福祉サービスの契約代理		○財産管理の法律行為 ・同意権・取消権 　（補助は家庭裁判所が定める「特定の法律行為」，保佐は民法13条 1 項各号所定の行為，成年後見は日用品の購入その他日常生活に関する行為以外の行為） ・代理権 　（補助・保佐は申立ての範囲内で家庭裁判所が定める「特定の法律行為」，成年後見は，財産に関するすべての法律行為）

出所：全国社会福祉協議会『2008年日常生活自立支援事業マニュアル』2008年，p.62. 一部修正。

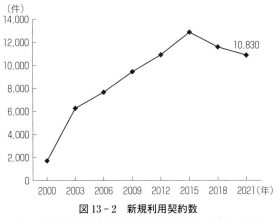

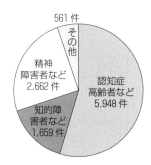

図13 - 2　新規利用契約数

出所：厚生労働省（編）『厚生労働白書 令和5年版』日経印刷，2023年，
資料編，p.210. より筆者作成。

図13 - 3　新規利用者の
対象別契約の状況

出所：厚生労働省（編）『厚生労働
白書（令和5年版）』日経印
刷，2023年，資料編，p.210.
より筆者作成。

度には1,687件でしたが，2021年度には，1万830件に上っています（図13 - 2）。

　その新規利用契約者の内訳をみてみると，認知症高齢者などが5,948件と全体の54.9%を占めていることがわかります（図13 - 3）。高齢化の進展とともに，こうした福祉サービスの利用援助の整備が重要であることを示しているといえるでしょう。

2 ｜ その他の利用者保護の仕組み

　成年後見制度や日常生活自立支援事業以外にも，さまざまな社会福祉サービスの利用者保護の仕組みが模索されています。

　たとえば，施設でサービスを受けている子どもや高齢者の虐待防止なども重要な課題です。虐待は家庭内だけで発生するものではなく，施設の従事者が加害者となるケースもあります。2006年には「高齢者虐待の防止，高齢者の養護者に対する支援等に関する法律」（高齢者虐待防止法）が，2012年には「障害者虐待の防止，障害者の養護者に対する支援等に関する法律」（障害者虐待防止法）が施行され，国や地方自治体の責務，通報・調査・指導の仕組みが整備されました。

　また，苦情解決の制度も作られてきています。社会福祉法によって，すべて

の福祉サービス事業者に苦情解決の責務があること，第三者委員会など苦情解決のための機関の設置が定められています。都道府県社会福祉協議会に運営適正化委員会をおくことも定められました。

　それ以外に，福祉サービスの第三者評価制度も近年，盛んに実施されています。高齢者が自分で介護サービスを選択できるといっても，各施設や事業所がどのようなサービスを提供しているのかわからない状態では適切な選択をするのは困難です。そこで，福祉サービスの提供者でもなく利用者でもない第三者が評価機関となって，福祉サービスの事業所や施設を評価し，インターネットなどで評価内容を公開するようになっています。利用者は，評価内容をよく検討した上で，自分の受けたいサービスを選択することができます。全国社会福祉協議会や都道府県，市町村などがさまざまな評価制度を実施しています。

本章のまとめ

　最近の社会福祉サービス改革の流れは，利用者の自己決定や選択を重視しています。利用者の自己決定は大事なものですが，社会的に不利な立場にある人の自己決定や選択をどのようにサポートするのか，過大な自己責任を押しつけていないかどうか常に検討する必要があります。

第 **14** 章

ソーシャルワーク

∙ ∙ ∙

ポイント

1 保育者とソーシャルワークとの関係を学ぶ
2 ソーシャルワークのとらえ方・展開過程
3 保育におけるソーシャルワーカーとしての視点・役割

① 保育者とソーシャルワークとの関係を学ぶ

1 なぜ保育者がソーシャルワークを学ぶのか

　保育士資格は，従来，児童福祉施設で働く任用資格として規定されていましたが，2001年の児童福祉法の改正によって国家資格となりました。これにより，「守秘義務」（子どもや保護者に関して知り得た情報は第三者に漏らしてはならない。関係者間の伝達は必要最低限にとどめる）や「信用失墜行為の禁止」（保育士の信頼性を損なうような行為をしてはならない）などの決まりが定められました。同時に，その業務の中に「児童の保護者に対する保育に関する指導」を行うことが位置づけられました。ここでの「指導」とは，保護者と同じ目線に立ってかかわり，子育てのパートナーシップを築くということです。保育士をはじめとした保育者に求められる役割，社会的責任はこれまで以上に大きくなっているわけです。

　また，保育者が最も多く勤務している保育所や認定こども園の役割に関して

▷1　2012年に子ども・子育て関連3法が成立・公布され，新たに幼保連携型認定こども園に配置される職員は保育教諭であることとされた。これは，幼稚園教諭免許状と保育士資格の両方を有することが必要となっている（第15章参照）。

も，ますます複雑・多様化しています。たとえば，虐待を受けている子どもの早期発見とケア，虐待をしてしまう保護者への対応も必要であることが，児童虐待の防止等に関する法律において定められています。さらに，保育者が勤務するところは保育所などに限らず，児童養護施設，乳児院，母子生活支援施設，障害児入所施設など，さまざまです。このような児童福祉施設には，家族と一緒に生活できない子ども，障害のある子どもなど，保育所や認定こども園以上に複雑な事情を抱えた子どもがいます。そのような子どもや家族への支援も保育者にとって重要な役割なのです。

　このようなことから，保育者に求められているのが，ソーシャルワークを学び，身に付けることです。これは，保育場面でいつも活用されるものではありませんが，子どもや家族を支えていく上で非常に重要な取り組みといえます。保育所保育指針解説においても，子どもや家族の保育ニーズが一層複雑・多様化する中，保育者にもソーシャルワークの基本的な姿勢・知識，技術等を理解し，援用した対応を求める声があると記されています。

2 ｜ ソーシャルワークとは

　人間は社会生活を送る中で，病気，経済的な問題，子育ての悩み，離婚，心身の障害など，さまざまな問題を抱えることがあります。このような問題を生活課題と呼びますが，本人や家族の能力だけでは解決できない場合も少なくありません。このような生活課題が生じた時，その影響をいち早く受けるのは子どもなのです。

　社会福祉は，大きくとらえると「社会福祉制度」と「ソーシャルワーク」を組み合わせることによって成り立っているといえます。生活課題を解決していくためには，「社会福祉制度」，すなわち，児童福祉法をはじめとした法律，保育所などの施設，児童相談所などの機関といった社会資源を整えることが必要です。しかし，これだけでは課題の解決にはいたりません。たとえば，子ども

▶ 2　厚生労働省（編）『保育所保育指針解説（平成30年3月）』フレーベル館，2018年，pp. 331-337.

虐待の問題を解決するために，児童養護施設で子どもを保護する制度を作り，施設数を増やせばよいのかというと，それだけでは不十分です。そもそも，虐待を受けている幼い子ども本人が，児童相談所などの相談機関に自ら連絡することは非常に困難です。虐待の可能性を疑った近隣住民が市の福祉課に知らせて，児童相談所などの関係機関が介入した上で，保護者と分離すべきかどうかを判断するといった過程が必要です。つまり，問題を抱えている人と社会資源を適切に結びつけ，具体的に問題の解決・緩和につなげられるよう，技術・方法などを活用した取り組みが必要になってきます。

　たとえば，私たちが自動車の運転を行う際，交通法規，自動車の各部位の名称，自動車保険に関する事項などの決まりだけを知っていても運転はできません。実際に運転に必要な心構えを学び，その技術・方法を身に付けてはじめて運転ができます。これと同じように，社会福祉においても，人権が尊重された尊厳ある生活を実現するために，日々の生活を安定させる，あるいは起こった生活課題に対応するため，専門職が価値・倫理を踏まえ，知識，技術，方法を用いて，専門的にかかわっていく必要があります。ソーシャルワークとは，このような，利用者の生活上の諸問題について，社会福祉分野に携わる専門職がその社会関係の調整を図りながら問題の軽減（緩和）・解決を目指し，支援を行う上で用いる専門的知識・技術の体系のことを指します。すなわち，相談・助言活動などを行いながら，社会資源と利用者をつないだり，両者の関係を調整したり，制度・施策の改善をしたりする取り組みを意味します。ここで重要になるのは，このような取り組み（ソーシャルワーク）は，利用者の家庭，家族との関係，地域社会などから切り離して行うことはできないという点です。したがって，利用者の抱える困難そのもの，さらには，利用者が生活をしている地域社会まで対象として考えることが必要です。保育分野でいえば，「生活上の困難を抱える子どものみならず，子どもの抱える困難という現象そのもの，保護者・家庭・その家庭が存在する地域社会をも対象」[3]としてとらえることが

▶3　橋本好市・直島正樹（編著）『保育実践に求められるソーシャルワーク──子どもと保護者のための相談援助・保育相談支援』ミネルヴァ書房，2012年，p. 15.

表14-1　ソーシャルワーク専門職のグローバル定義

> 　ソーシャルワークは，社会変革と社会開発，社会的結束，および人々のエンパワメントと解放を促進する，実践に基づいた専門職であり学問である。社会正義，人権，集団的責任，および多様性尊重の諸原理は，ソーシャルワークの中核をなす。ソーシャルワークの理論，社会科学，人文学，および地域・民族固有の知を基盤として，ソーシャルワークは，生活課題に取り組みウェルビーイングを高めるよう，人々やさまざまな構造に働きかける。
> 　この定義は，各国および世界の各地域で展開してもよい。

出所：日本ソーシャルワーカー連盟（JFSW）HP。

求められます。そして，そのような「対象者の生活の全体性から環境との相互作用に焦点を当て，社会関係の調整と生活改善を図ることを目的とした取り組みが『保育ソーシャルワーク』と考えることができる」わけです。

　なお，ソーシャルワークを世界規模でとらえたものとして，「ソーシャルワーク専門職のグローバル定義」（表14-1）があります。この定義は，2014年に国際ソーシャルワーカー連盟（IFSW）と国際ソーシャルワーク学校連盟（IASSW）によって採択された，ソーシャルワーカーの実践において基盤となるものです。

　特徴としては，大きく，①多様性の尊重，②西洋中心主義・近代主義への批判，③マクロな社会変革の強調，にまとめられます。これらの背景にある概念として，「集団的責任」「地域・民族固有の知」「先住民」「社会開発」「社会的結束」が挙げられます。

　この定義は，従来，西洋の思想・文化に基づく定義を普遍的位置に置き，多文化の特性，多様な国・民族の違いなどを無視してきた課題を踏まえ，世界レベル，地域レベル，国レベルで実践の指針を示し，その展開を認める重層的な性質をもっています。すなわち，グローバル定義を共通基盤として，その内容を逸脱しない限りにおいて，各国と各地域の背景に即しながら，それぞれ独自の実践指針の提示・展開が可能とされています。日本においても，社会福祉専門職団体協議会（日本ソーシャルワーカー協会，日本社会福祉士会，日本医療社会

▷4　同上書，p.15.

福祉協会，日本精神保健福祉士協会）によって，実践の指針・展開が示されています。

3 ソーシャルワーカーに位置づけられる資格・職種

ソーシャルワーカーとは，上記のような取り組みを専門的に行う人のことを指します。日本には，「ソーシャルワーカー」という名称の国家資格はなく，社会福祉士と精神保健福祉士がこれにあたります。さらに，これらの資格はなくても，社会福祉施設や病院などにおいて，ソーシャルワーカーとしての視点，考え方をもって相談援助業務を行っている人などもあてはまる場合があります。保育士は，ケアワーカーであり，ソーシャルワーカーそのものではありませんが，児童福祉法上の社会福祉専門職の一つとして位置づけられています。また，前述のように，保育所保育指針解説などからも，ソーシャルワークを担うソーシャルワーカーとしての役割が期待されていることが読み取れます。

なお，2024年4月から国が関与した民間資格である，こども家庭ソーシャルワーカーの養成が始まりました。

② ソーシャルワークの展開過程

ソーシャルワークの展開過程については，さまざまなとらえ方があります。ここでは，「①問題把握（ケースの発見）⇒②インテーク（受理面接）⇒③アセスメント（事前評価）⇒④プランニング（支援計画作成）⇒⑤インターベンション（支援の実施）⇒⑥モニタリング（中間評価）⇒⑦エバリュエーション（事後評価）⇒⑧クロージング（終結）」といった形で展開していくと考えます（図14-1）。

ただし，子どもや保護者をはじめとした利用者の日々の生活過程が，その時々の心身や経済の状況などによって変化するため，現場での実践において，常にこのような規則正しい過程で進むわけではありません。各過程が関連し合って（例：「②インテーク（受理面接）」と「③アセスメント（事前評価）」が相互に

①問題把握（ケースの発見）
　支援につながる入口の段階であり，利用者が自身や家庭内で抱える問題を解決・緩和したいと考え，自ら支援者に相談をする（支援を求める）場合と，支援者が問題を発見する（支援者が問題に気づいて支援へ発展する）場合とがある。

②インテーク（受理面接）
　ケースの発見（問題把握）によってかかわりをもった利用者の相談を受理し，具体的な支援に向けて話し合いを行っていくスタートの段階である。この段階では，支援者は，利用者が話しやすい雰囲気や環境に配慮すること，その問題・ニーズを把握すること，利用者との信頼関係(ラポール）を築くこと等が求められる。

③アセスメント（事前評価）
　インテーク（受理面接）の段階で収集した情報に加えて，利用者に関する情報収集（例：生活状況・環境等について）を継続して行う。この段階では，当該ケースの全体像を明らかにした上で，利用者が抱える問題・ニーズについて整理し，明確化していくことになる。利用者の状況把握のみならず，当該家庭がある地域社会全体のことも把握する等，支援者には多面的・多角的な視点が求められる。

④プランニング（支援計画作成）
　アセスメント（事前評価）によって明確になった利用者が抱える問題・ニーズに沿って目標を設定し，具体的な支援の内容・方法を決めていく段階である。どの問題から支援を行うか，緊急性の高さ等から優先順位をつける。
＊プランニングの過程には，必要に応じて担当職員の他，施設長，関係機関の専門職等が参加する。

⑤インターベンション（支援の実施）
　支援の目標・内容等の設定後，実際に支援の実施となる。問題解決・緩和がスムーズに進むように，利用者を取り巻く環境にも働きかけて調整を行ったり，さまざまな関係機関を紹介したりする等，具体的に支援が展開していく段階である。

⑥モニタリング（中間評価）
　支援の実施後，実際にはどのように支援が行われたか，また，利用者の変化やそれを取り巻く生活環境の変化等について情報収集・分析を行う経過観察の段階である。必要に応じて，計画の修正，再アセスメント等を行う。

⑦エバリュエーション（事後評価）
　計画に沿って支援を実施し，その状況や妥当性・効果等を総合的にふり返り，検討が行われる段階である。施設長や先輩職員，あるいは関係機関の専門職等から，助言等を受けることもある。

⑧クロージング（終結）
　実際に支援が展開された結果，問題の解決が図られた，あるいは課題は残るものの，利用者の力で対応していけることが支援者との間で確認された際に至る段階である。
＊当該家庭の転居，利用者からの申し出，あるいは他の専門機関への送致等によって，支援が中断・終結となる場合もある。

図14-1　ソーシャルワークの展開過程・概要

出所：橋本好市・直島正樹（編著）『保育実践に求められる子ども家庭支援』ミネルヴァ書房，pp. 86-87. を一部改変。

関連し合う）進められる場合もあります。また，緊急に支援が必要となったケースなどでは，各過程が必ずしも順番通りに進められるとは限りません。すべての過程において，専門的な知識・技術などを踏まえ，保育士などの社会福祉専門職と利用者との協働作業として，調整を繰り返しながら柔軟に進めていくことが重要になります。

③ これからの保育者としてもつべき視点・果たすべき役割

1 保育者として認識しておくこと

今日の子どもが育つ環境にはさまざまな問題がありますが，保育者はそのような状況に対応し，子どもや保護者などに対してどのように支援していくのかを考えていかなければなりません。保育士資格が国家資格となって久しく，また，保育教諭の要件の一つにも保育士が位置づけられました。より一層の人間性・専門性の向上が求められ，社会的役割・責任が課せられているのが現状です。そのことをまずは十分に認識する必要があります。

保育者は，いうまでもなく「保育」を中核的に担う専門職です。今後もその役割に変わりはありませんが，同時に，働く保護者をめぐる社会の期待や状況，保護者の心理や生活状況を理解して，子育て相談に応じたり，子育ての方法について助言したりするなどといった役割も求められます。すなわち，ソーシャルワーカーとしての視点をもち，その役割を担う必要があります。

2 保育の中でソーシャルワークをどのように活かすのか

実際に保育を行っている場面では，「今，私はソーシャルワークを用いている」などと考えながら仕事をすることは，ほとんどないと思われます。ただし，日頃からソーシャルワークに関する意識をもっておくことは重要ですし，援用できる場面も多くあります。たとえば，次のような場合が考えられます。

〈例1〉

　保育所や認定こども園などにおいて，「虐待してしまった」と打ち明けてきた保護者（母親）と面接を行う場合，保育者は母親を非難したり，責め立てたりはしません。まずは，母親の「子どもに申し訳ない」「誰かに理解してほしい」という気持ちを受け止め，その気持ちに寄り添うことから始めます。その後，母親の感情に耳を傾け，母親としての努力を認めながら話を整理していきます。必要であれば情報提供や関係機関（児童相談所など）につなぐことも行いながら支援を展開していきます。

〈例2〉

　障害のある子どもが保育所や認定こども園に入所し，保護者（母親）が子どもの障害をなかなか受け入れられない場合，まずは母親の気持ちを受け止めることから始めます。たとえば，「なぜこの母親は，子どもの障害を認めないのか」などと考えてはいけません。母親の「わかっているけれども認めたくない」という複雑な気持ちを理解しながらかかわることが必要です。母親と信頼関係を築く中で，状況に応じて関係機関（療育施設，児童相談所など）につなぎ，連携・役割分担を行いながら支援を展開していきます。

　これらの例のように，保護者に対して相談・助言などの心理的・社会的支援を行うこと，地域の社会資源を活用・調整し，関係機関と連携を図ることなどによって，子どもや子育てに関するさまざまな問題の解決につながります。

　「子ども・子育て支援新制度」がスタートし，10年近くが経過しました。子どもが健やかに育つための環境を作っていくためにも，これからの保育者には，今日の家族や地域社会の限界を認識し，その限界を補いながら子育て支援，家族支援を行うことが求められます。子どもとその家庭をめぐるさまざまな社会的課題に対応できる社会福祉専門職として，保育者がより専門性を高め，社会的な役割を果たしていくことが期待されているのです。

> **本章のまとめ**
>
> 　子ども家庭を取り巻く状況が変化し，保育士が国家資格化する中で，「保育者は単に子どもにかかわってさえいればよい」との思いをもたないことが大切です。ソーシャルワーカーとしての視点・役割も意識しながら，「これからの保育者に必要なこと」を考えていくことが重要です。

■ 参考文献 ────────

石田慎二・倉石哲也・小﨑恭弘（編）『社会福祉』（保育士養成テキスト①）ミネルヴァ書房，2008年。

社会福祉専門職団体協議会国際委員会「ソーシャルワーク専門職のグローバル定義と解説」2016年（https://www.jacsw.or.jp/citizens/kokusai/IFSW/documents/SW_teigi_01705.pdf）。

日本社会福祉士会（編）『三訂 社会福祉士の倫理綱領実践ガイドブック』中央法規出版，2022年。

日本ソーシャルワーカー連盟（JFSW）「ソーシャルワーク専門職のグローバル定義」（https://jfsw.org/definition/global_definition/）。

狭間香代子「IFSW グローバル定義と日本的ソーシャルワークの展開」『人間健康学研究』14，2021年，pp. 15-23.

橋本好市・直島正樹（編著）『保育実践に求められるソーシャルワーク──子どもと保護者のための相談援助・保育相談支援』ミネルヴァ書房，2012年。

第 15 章

社会福祉の担い手

・・・

ポイント

1 社会福祉分野における職場・職種
2 日本の社会福祉における資格
3 社会福祉専門職としての「価値」「倫理」

1 社会福祉に関する職場・職種

1 「社会福祉」の対象

　日本は，世界に類をみないスピードで少子高齢社会が進展し，国民を取り巻く社会環境もこれまで以上に著しく変化しています。こういった中，国民の福祉ニーズもより増大・多様化しており，「社会福祉」の果たすべき役割はますます重要なものとなっています。その社会福祉の仕事は，「物」ではなく「人」を対象としています。

　社会福祉の制度・サービスを利用者（子どもを含む）が使いやすいように整えること，すなわち生活環境面の整備も重要ですが，それを担うのもまた「人」であることを忘れてはいけません。社会福祉サービスを必要とする人々の生命と尊厳を守り，一人ひとりの立場に立った支援を行うためには，社会福祉を担う人々（専門職）の資質・能力が問われることになります。

2 社会福祉分野における職場・職種

　社会福祉を担う人々が勤務する場所（職場）には，社会福祉施設，行政機関，社会福祉協議会などが挙げられます。

表 15-1　社会福祉の職場・職種例

①社会福祉施設の職員
施設長，生活相談員，児童指導員，母子支援員，児童自立支援専門員，児童生活支援員，保育士，保育教諭，個別対応職員，家庭支援専門相談員，里親支援専門相談員，心理療法担当職員，職業指導員，生活支援員，就労支援員，介護職員，医師，保健師，看護師，理学療法士，作業療法士，栄養士，調理員，事務職員　など
②ホームヘルパー（訪問介護員）
③行政機関の職員 ・福祉事務所 　所長，査察指導員，身体障害者福祉司，知的障害者福祉司，家庭児童福祉主事，現業員，嘱託医，事務職員　など ・児童相談所 　所長，児童福祉司，児童心理司，児童指導員，保育士，嘱託医，事務職員　など ・婦人相談所・身体障害者更生相談所・知的障害者更生相談所 　所長，職能判定員，各種相談員
④社会福祉協議会の職員 企画指導員（全国），福祉活動指導員（都道府県），福祉活動専門員（市町村）　など

出所：筆者作成。

　社会福祉施設には，保育所，児童養護施設などがあり，大部分が行政か社会福祉法人によって設置・運営されています。

　行政機関には，福祉事務所，児童相談所，婦人相談所などがあり，福祉サービス利用の調整・決定，利用者への相談援助業務などを行っています。

　社会福祉協議会は，全国，各都道府県，各市区町村に1つずつ設けられ，在宅サービスの提供，地域活動・ボランティア活動の支援などを行っています。

　このほか，医療機関（病院），民間企業が経営する事業所なども職場として挙げられます。

　このような施設・機関において，社会福祉分野の職種のみならず，医療職（医師，看護師など），栄養士など関連分野の職種が協働して，日々，利用者へのサービス提供，運営管理などを行っています（表15-1）。なお，各施設・機関に最低限どのような職種を置くかについては，厚生労働省やこども家庭庁の法令・通知によって決められています。

② 社会福祉分野の資格

1 ｜ 社会福祉分野における資格の誕生

　社会状況の変化などを背景に，日本の社会福祉分野においても，資格制度が整備されてきました。現在では，資格をもった上で働く人も増えてきています。資格制度は，①国家資格（法律上の根拠が存在し，かつ国が認める資格），②任用資格（国が認めた一定の条件を満たすことによって与えられ，特定の職種に就いてはじめて活かされる資格），③その他（特定の職種に就くために研修の修了が条件になっているものなど）に分けられます。

　日本の社会福祉分野における資格として，古くからあるものには，第二次世界大戦後まもなく誕生した「保母」と「社会福祉主事任用資格」が挙げられます。前者は，1948年に児童福祉法施行令によって規定されたもので，現在は「保育士」と改称されています。後者は，1951年に社会福祉事業法（2000年から社会福祉法に改称）によって定められたものです。

　その後，少子高齢社会の進展，複雑化・多様化する国民の福祉ニーズなどの課題が浮き彫りとなり，それらに対応できる専門的な知識・技術をもった社会福祉の人材の養成・確保が求められるようになりました。そこで，1987年に社会福祉士及び介護福祉士法が制定され，日本の社会福祉分野で最初の国家資格である社会福祉士・介護福祉士が誕生しました。

　さらに，社会福祉基礎構造改革の流れの中で，1997年の介護保険法の制定とともに新たな福祉専門職として介護支援専門員（ケアマネジャー）が生まれました。同年，精神保健福祉士法が制定され，国家資格として精神保健福祉士が誕生しました。保育士についても，2001年の児童福祉法の一部改正により，2023年から国家資格化されています。

2 | 国家資格となっている社会福祉専門職

（1）保 育 士

　保育士は児童福祉法に規定された資格であり，保育所をはじめ，児童養護施設，乳児院などの児童福祉施設に勤務しています。このほか，障害者福祉施設などにおいて，介護職員などとして働く保育士もおり，社会福祉専門職の中で最も多数を占めています。1999年に「保母」から名称変更され，2001年の児童福祉法の改正により，2003年から国家資格となりました。保育士資格を取得するには，①厚生労働大臣が指定する保育士養成校などを卒業する，②保育士試験に合格する，の2つの方法があります。2023年4月現在の登録者数は，184万2,494人となっています。

　児童福祉法では，保育士の「信用失墜行為の禁止」や「名称使用の制限」（名称独占）のほか，子どもの保護者に対する保育に関する指導を行うことも規定されています。

　このように，保育所などで保育に携わる中核的存在としてより責任が問われるようになり，同時に子どもの保護者とのかかわりも重要視されてきています。

　また，2012年に子ども・子育て関連3法が成立・公布されたことにより，新たに幼保連携型認定こども園に配置される職員は，原則として幼稚園教諭免許状と保育士資格の両方を有する保育教諭であることが必要となりました。今後，保育所やその他の児童福祉施設のみならず，地域の子育て支援など，子ども家庭に中心的にかかわる社会福祉専門職として，ますます重要な役割を果たすことが期待されています。

▷1　国家資格の名称を保護することを目的として，登録によって資格をもつ者だけがその名称を使用できることを「名称独占」という。これに対して，医師などは，特定の業務に際し，特定の資格をもつ者だけが携わることができる，いわゆる「業務独占」の資格である。
▷2　改正法の施行後5年間は，幼稚園教諭免許状か保育士資格のいずれか一方を有する者も勤務できる経過措置が設けられている（2024年度まで延長予定）。

（2）社会福祉士

　社会福祉士は，社会福祉士及び介護福祉士法に規定される名称独占の国家資格です。主な勤務先は，社会福祉施設，行政機関，病院などが挙げられます。施設や在宅で生活している人の相談に応じ，必要な助言を行うほか，利用可能な制度・サービスに関する情報提供，関係者間の連絡調整などを行うことを主な職務としています。

　資格を取得するには，社会福祉士国家試験に合格する必要があります。国家試験を受験するまでにはさまざまなルートがあり，たとえば，保健福祉系の大学において定められた課程を修了する方法が挙げられます。また，国家試験に合格後は「社会福祉士登録簿」に登録を行う必要があります。2023年3月末現在の登録者数は，28万968人となっています。

　2007年には，社会福祉士及び介護福祉士法等の一部を改正する法律が公布されました。これに伴い，両資格の教育カリキュラムが大幅に見直されました。その後，2018年には，「ソーシャルワーク専門職である社会福祉士に求められる役割等について」（社会保障審議会福祉部会福祉人材確保専門委員会）を踏まえ，社会福祉士養成課程の教育内容等の見直しが行われました。この背景として，地域共生社会の実現に向けて，新たな福祉ニーズに対応するためには，社会福祉士がソーシャルワーク実践にかかわる知識・技術をさらに修得する必要があると考えられたことなどが挙げられます。実習・演習の充実，実習施設の範囲見直しなどが実施され，2021年度から順次進められています。

（3）介護福祉士

　介護福祉士は，社会福祉士及び介護福祉士法に規定されており，社会福祉士と同様に名称独占の国家資格です。介護を必要とする人の生活を支える知識・技術をもった介護の専門職で，老人福祉施設や障害者福祉施設などで介護業務に携わるほか，介護方法や生活動作など，利用者の介護に関するさまざまな相談に応じています。また，2011年の法律の改正（「介護サービスの基盤強化のための介護保険法等の一部を改正する法律」の公布に伴う，社会福祉士及び介護福祉

士法の一部改正など）によって，介護職員が喀痰吸引などの業務を担うことが法制度として認められました。これにより，一定の要件下ではありますが，介護福祉士もこのような医療行為に携わることが可能となっています[3]。

　資格を取得するには，①厚生労働大臣が指定する養成校などを卒業して国家試験に合格する，②3年以上介護などの業務に携わり，実務者研修を終えた上で国家試験に合格する，の2つの方法があります。2007年の社会福祉士及び介護福祉士法等の一部を改正する法律の公布に伴い，養成校を卒業後に国家試験を受験するなど，一定の教育課程を経た上で必ず国家試験を受験するという形に一本化されました。これは，介護福祉士全体の資質向上を目的としたもので，当初，2012年度から施行される予定でした。しかし，介護を担う人材が不足しており，資格取得のハードルを上げることで，さらに人手不足に拍車がかかるなどの理由から，施行時期の延期をくり返していました。

　その後，介護福祉士の資質向上や社会的評価の向上などを目的として，2016年に社会福祉士及び介護福祉士法等が改正され（社会福祉法等の一部を改正する法律の成立に伴う），再度介護福祉士資格取得方法の見直しが行われました。これにより，介護福祉士養成校などを卒業して取得する場合，2017年度以降の養成校卒業生には（国家試験受験の有無にかかわらず）介護福祉士資格を暫定的に付与し，5年以内に国家試験への合格，または介護現場で5年間実務に従事のいずれかを満たすことで，引き続き介護福祉士資格を保持できるという経過措置が設けられました[4]。また，一定の実務経験を経て取得する場合，これまでの3年以上の実務経験に加え，実務者研修を修了した上で国家試験を受験する仕組みとなりました（適用は2016年度国家試験から）。2023年3月末現在の登録者数は，188万1,860人となっています。

▷3　介護福祉士の業務として加わるのは，養成課程において喀痰吸引および経管栄養に関する知識・技能を修得することとなった2015年度の国家試験合格者からである。ただし，2012年4月から，認定特定行為業務従事者として都道府県知事の認定を受けた介護福祉士（介護職員）は，この業務を担えることとなっている。

▷4　この経過措置に関しては，「地域共生社会の実現のための社会福祉法等の一部を改正する法律」（2020年）により，2026年度までさらに延長されることとなった。

（4）精神保健福祉士

　精神保健福祉士は，精神保健福祉士法に規定された国家資格で，精神障害者の生活援助に関する専門的知識・技術をもって，相談に応じ，必要な助言を行う精神保健福祉分野の専門家です。主な勤務先としては，精神科医療機関，保健所などが挙げられます。

　社会福祉士・介護福祉士と同様に名称独占の資格であり，取得するには精神保健福祉士国家試験に合格する必要があります。国家試験を受験するためには，保健福祉系大学などで指定科目を履修する必要があり，国家試験に合格後は「精神保健福祉士登録簿」に登録しなければなりません。2023年3月末現在の登録者数は，10万2,069人となっています。

　精神障害者の地域移行や地域生活支援をさらに進めていくために，精神保健福祉士には修得すべき知識・技術の拡大が求められ，その果たすべき役割も，今後ますます重要になっていきます。このような状況から，精神保健福祉士の養成の在り方等に関する検討会において議論が行われ，2010年3月には報告書が出されました。その結果，地域移行・地域生活支援に関する教育内容の充実，実習・演習科目の時間数拡大など，教育カリキュラムの改正が行われ，2012年4月から施行されました。

　さらに，2018年12月からは，精神保健福祉士の養成の在り方等に関する検討会が再度開催され，「精神保健福祉士養成課程における教育内容等の見直しについて」と「精神保健福祉士資格取得後の継続教育や人材育成の在り方について」が取りまとめられました（2020年3月）。これは，精神保健福祉士を取り巻くさらなる環境変化に対応できる人材育成を目的としており，2021年度からは，養成カリキュラムの充実などが図られています。

3 ｜ 国家資格以外の社会福祉専門職

（1）社会福祉主事

　社会福祉主事とは，社会福祉法に基づき福祉事務所などに配置される職員のことで，社会福祉六法（児童福祉法，身体障害者福祉法，生活保護法，知的障害者

福祉法，老人福祉法，母子及び父子並びに寡婦福祉法）にかかわる業務を行います。病気や離婚などの問題によって援助を求めている人の面接，家庭訪問，さらにはどのようなサービスが必要かの判定，指導を行うことが主な仕事です。

　社会福祉主事になるには，「社会福祉主事任用資格」を取得する必要があります。これは，大学で厚生労働大臣の指定する科目（3科目以上）を履修して卒業する，厚生労働大臣の指定する通信課程を修了する，社会福祉士資格を取得するなどの方法により得ることができます。もともとは，公務員が福祉事務所などで福祉行政に従事する際に必要とされた資格で，当該地方自治体の公務員試験に合格し，福祉事務所などに配属（任用）されてはじめて資格として認定されます。

　国家資格ではなく，任用資格という位置づけですが，民間の障害者福祉施設，児童福祉施設などの生活支援員，児童指導員といった職員になるための要件にも準用され，求人条件になっていることもあります。

　なお，その他の任用資格としては，児童相談所に置かれる児童福祉司，身体障害者更生相談所などに置かれる身体障害者福祉司などが挙げられます。

（2）ホームヘルパー（訪問介護員）

　ホームヘルパー（訪問介護員）とは，在宅生活を送る介護の必要な高齢者や障害のある人などの自宅を訪問し，介護や家事などのサービスを提供する職種です。これは国家資格ではありませんが，所定の研修を修了すると名乗ることができます。

　1980年代以降，高齢社会の進展に伴って介護業務がより重視されるようになり，専門職としての養成や研修制度が整えられてきました。2006年度からは「介護職員基礎研修」が始まり，介護福祉士資格をもたない介護職員の基礎的な研修に位置づけられました。さらに，2011年には，今後の介護人材養成の在り方に関する検討会報告書において，介護人材のキャリアパスを簡素でわかりやすいものにすると同時に，介護の分野で生涯働き続けられる展望がもてるようにすることが必要という提言がなされました。今後も，ホームヘルパーは，

在宅介護業務の中心を担う職種の一つとして期待されていますが，非常勤の者が多いこと，障害者福祉分野におけるヘルパー数の確保などが，依然として問題となっています。

（3）介護支援専門員（ケアマネジャー）

　介護支援専門員（ケアマネジャー）は，介護保険制度において支援や介護の必要な人の相談に応じたり，介護支援計画（ケアプラン）の作成を行ったりすることなどを主な仕事としています。これは国家資格ではありませんが，2000年の介護保険制度の導入に際し，専門職として位置づけられました。

　資格を取得するには，保健・医療・福祉分野の国家資格をもつ者が5年以上（資格がない場合は10年以上）の実務経験を経たあと，試験に合格する必要があります。その後，研修を受講し登録することで，介護支援専門員（ケアマネジャー）として働くことができます。2005年の介護保険法の改正では，5年ごとの更新制に改められるとともに，更新時研修の義務化・体系化などが行われました。また，2006年度からは，実務従事者基礎研修などの研修体系が整備された他，主任介護支援専門員[5]が創設され，地域包括支援センターへの配置が義務づけられるなど，さらなる資質の向上が目指されています。

（4）こども家庭ソーシャルワーカー

　こども家庭ソーシャルワーカーは，2022年の児童福祉法改正により新設された資格で，2024年4月から制度開始（実際の養成開始）となっています。子ども家庭をめぐる現状を見ると，育児と仕事両立の困難さ，育児の孤立，貧困，DVなどといった課題が山積しており，特に子ども虐待については年々増加の一途をたどっています。このような，子ども虐待をはじめとした課題解決に向

▶5　介護支援専門員の業務を熟知しており，ケアマネジメントを適切・円滑に提供するために必要な知識・技術を修得した者で，そのキャリアアップの一環として位置づけられている。原則として，介護支援専門員の実務経験が専任で5年以上ある者が，主任介護支援専門員研修を修了することを要件としている。なお，継続的な知識・技術などの向上を目的に，2016年度からは主任介護支援専門員更新研修が実施されている。

けて，子ども家庭福祉にかかわるより高い専門性（ソーシャルワークの技能）を
もった人材の必要性が指摘され，資格創設に至りました。主な勤務先は，児童
相談所や市区町村の家庭児童相談室，児童養護施設，児童家庭支援センター，
保育所などが挙げられます。

　まずは，一定の実務経験のある有資格者や現任者が，国の基準を満たす認定
機関が認定した研修等を経て取得する認定資格として開始されますが，2026年
を目途に国家資格化も進められています。

（5）そ の 他
　これらのほか，地域における福祉活動を行い，地域住民のよりよい生活を作
り出す役割をもつ民生委員も社会福祉を担う人材の一つに挙げられます。これ
は，都道府県知事の推薦に基づいて，厚生労働大臣が委嘱する民間ボランティ
アであり，児童委員も兼ねています。

③　社会福祉専門職が大切にし，守らなければならないこと

1 ｜社会福祉専門職としての「価値」と「倫理」

　社会福祉専門職は，人の生活にかかわり，その人の問題の解決・緩和に向け
て援助を行うことが仕事です。そのため，専門職一人ひとりの生活観や子ども
観などといった「価値観」が，利用者への援助の過程において大きく影響を与
える可能性があります。しかし，実際の支援の場面では，専門職「者」あるい
は「人」によってその具体的援助に違いが見られますが，職種間で共通の指針
をもつことなく，一人ひとりの自由な意思で行動することが許されるわけでは

▶ 6　資格取得ルートは，①相談援助有資格者ルート（社会福祉士または精神保健福祉士資格を有し，
　　こども家庭福祉の相談援助業務経験がある者〔2年以上〕など），②相談援助実務経験者ルート
　　（こども家庭福祉の相談援助業務経験がある者〔4年以上〕），③保育所等保育士ルート（保育所
　　長や主任保育士などとして相談援助業務経験がある者〔4年以上〕）となっている（②と③は当
　　面の間の経過措置）。

ありません。

　社会福祉専門職である以上，社会福祉や関連する分野の学問に関する専門的な「知識」や「技術」は必要です。それとともに，社会福祉専門職としての「価値」と「倫理」をもち，専門職全体で一定の共有を図ることが求められます。

　ここでの「価値」とは，社会福祉専門職が，社会福祉についての知識や技術を何のために用いるかという目指すべきものの基盤を指します。つまり，専門職としてもっている信念（社会福祉実践に携わる上で大切にしていること）を意味します。その価値を実現させるための行動の基準となるものを「専門職倫理」と呼びます。これは，その職務における目標を遂行していくための具体的な行動にかかわる決まりごとであり，いわば，価値を実現させるための現実的な約束事・ルール（社会福祉実践に携わる上で守らねばならないこと）を意味します。

2 ｜ 倫理綱領とは

　ある資格（職種）が社会的に専門職として認められる条件の一つとして，当該専門職団体が「倫理綱領」をもっていることが挙げられます。倫理綱領とは，各団体がその専門職として活動をする上での決まりごとや基準とすべきこと（専門職倫理）を実際に文章化したもので，当該専門職間で共有しなければならない行動上の決まり・基準に関する自らの宣言，いわば「専門職としての誓い」のことを指します。

　「人」を対象として支援を行う専門職にとって，自分たちが仕事を行う上で守るべき行動基準・責務を定めた倫理綱領は非常に大切なものです。看護師，弁護士などの各種専門職団体には独自の倫理綱領がありますが，保育士についても，その専門職団体である全国保育士会が倫理綱領をもっています[7]。これは，保育士が国家資格化したことを受けて，2003年に定められたものです。「子ど

▶7　全国保育士会のほか，日本ソーシャルワーカー協会，日本社会福祉士会，日本介護福祉士会，日本精神保健福祉士協会といった社会福祉分野の各専門職団体も，それぞれ倫理綱領をもっている。

もの最善の利益の尊重」や「子どもの発達保障」など8つの柱から構成されており，保育士として仕事を進めていく上での基本的姿勢・心構えが示されています（第1章の表1-2）。

3 | 保育者としての人間性・専門性の向上に必要なこと

今日の日本では，少子化，核家族化が著しい速度で進行しています。また，都市化・過疎化が進み，同世代の子どもとのかかわりや地域の大人から何かを学ぶといった機会が減少しています。さらには，育児不安を抱える保護者が増え，子ども虐待の問題もますます深刻化するなど，現代の子どもが育つ環境は大きく変化しており，「健全に育ちやすい」とは言えない状況にあります。

このような中で，保育士が国家資格化され，子どもに対する保育だけでなく，保護者に対する保育指導も業務であることが法律上明記されました。すなわち，保育所などを利用している家庭に対する子育て支援のみならず，地域におけるすべての家庭に対する子育ての支援が保育者の役割として期待されています。まさに，保育者の人間性・専門性が問われ，その向上がより一層求められているわけです。

保育者という社会福祉専門職として実践の場に出る以上，社会福祉を取り巻く状況，制度・政策の動向，サービス提供の仕組みなどを知っておくことが必要です。それと同時に，倫理綱領などを踏まえた上で，子どもや保護者の悩み・喜びを受け止め，共感的に接する姿勢をもつことなどが求められます。そのためには，実践の場に出てからも，人間性と専門性を向上させるための研修の受講などを含め，自己研鑽を忘れてはなりません。

┌─ 本章のまとめ ─

日本の社会福祉を担う資格・職種には，保育士をはじめとして多くのものがあり，激変する現代社会にあって，その果たすべき役割はより大きくなってきています。このような中で，社会福祉専門職一人ひとりが利用者（子どもや保護者など）にできることを考え，日々の実践に効果的につなげていくことが望まれます。

■参考文献 ─────────────

石田慎二・倉石哲也・小﨑恭弘（編）『社会福祉』（保育士養成テキスト①）ミネルヴァ書
　　房，2008年。

厚生労働統計協会（編）『国民の福祉と介護の動向2023/2024』2023年。

子ども家庭福祉の認定資格の取得に係る研修等に関する検討会「子ども家庭福祉の認定資
　　格の取得に係る研修等に関する検討会　とりまとめ（令和5年3月29日）」2023年。

索　引

著者紹介（執筆順・担当章）

山縣文治（やまがた・ふみはる）**第1章**
　　編著者紹介参照。

石田慎二（いしだ・しんじ）**第2章・第3章・第9章**
　　編著者紹介参照。

尾里育士（おざと・やすし）**第4章～第6章・第12章**
　　現　在　東海大学児童教育学部教授。
　　主　著　『新版 子ども家庭福祉』（共著）建帛社，2019年。
　　　　　　『子どもの支援の基礎から学ぶ社会的養護Ⅰ』（共著）大学図書出版，2019年。

狭間直樹（はざま・なおき）**第7章・第8章・第10章・第13章**
　　現　在　北九州市立大学法学部教授。
　　主　著　『準市場の条件整備──社会福祉法人制度をめぐる政府民間関係論』福村出版，2018年。

直島正樹（なおしま・まさき）**第11章・第14章・第15章**
　　現　在　相愛大学人間発達学部教授。
　　主　著　『保育実践に求められる子ども家庭支援』（共編著）ミネルヴァ書房，2019年。
　　　　　　『図解で学ぶ保育　社会福祉 第3版』（共編著）萌文書林，2022年。

編著者紹介

石田慎二（いしだ・しんじ）
　現　在　帝塚山大学教育学部教授。
　主　著　『社会福祉』（保育士養成テキスト①）（共編著）ミネルヴァ書房，2008年。
　　　　　『保育所経営への営利法人の参入』法律文化社，2015年。

山縣文治（やまがた・ふみはる）
　現　在　関西大学人間健康学部教授。
　主　著　『社会福祉における生活者主体論』（共編著）ミネルヴァ書房，2012年。
　　　　　『子ども家庭福祉論』ミネルヴァ書房，2016年。

新・プリマーズ／保育／福祉
社会福祉［第6版］

2010年4月25日	初　版第1刷発行	〈検印省略〉
2011年9月30日	初　版第3刷発行	
2012年3月30日	第2版第1刷発行	
2013年3月30日	第3版第1刷発行	
2014年8月30日	第3版第3刷発行	
2015年4月10日	第4版第1刷発行	
2016年3月20日	第4版第2刷発行	
2017年3月30日	第5版第1刷発行	
2022年1月30日	第5版第6刷発行	
2024年2月20日	第6版第1刷発行	定価はカバーに
2024年6月30日	第6版第2刷発行	表示しています

編著者　　石　田　慎　二
　　　　　山　縣　文　治
発行者　　杉　田　啓　三
印刷者　　田　中　雅　博

発行所　株式会社　ミネルヴァ書房
607-8494　京都市山科区日ノ岡堤谷町1
電話代表　（075）581-5191
振替口座　01020-0-8076

Ⓒ石田・山縣ほか，2024　　創栄図書印刷・吉田三誠堂製本

ISBN978-4-623-09683-1
Printed in Japan

──────── 新・プリマーズ ────────

社会福祉	石田慎二・山縣文治編著	本体2000円
児童家庭福祉	福田公教・山縣文治編著	本体1800円
社会的養護	小池由佳・山縣文治編著	本体2000円
社会的養護内容	谷口純世・山縣文治編著	本体2000円
相談援助	久保美紀・林　浩康・湯浅典人著	本体2000円
家庭支援論	高辻千恵・山縣文治編著	本体2000円
地域福祉	柴田謙治編著	本体2400円
発達心理学	無藤　隆・中坪史典・西山　修編著	本体2200円
保育の心理学	河合優年・中野　茂編著	本体2000円

──────── ミネルヴァ書房 ────────

https://www.minervashobo.co.jp/